PHILIP JODIDIO

SANTIAGO CALATRAVA

Arquiteto, Engenheiro, Artista

TASCHEN

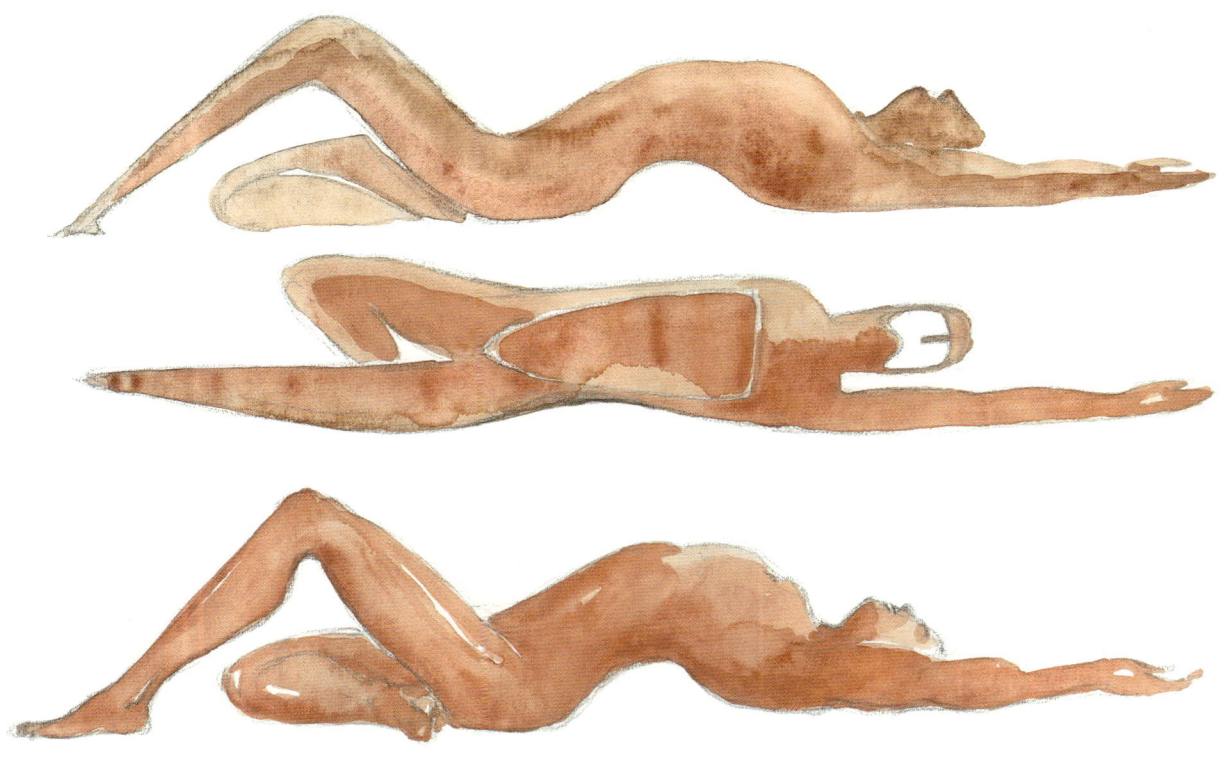

**CADA LIVRO DA TASCHEN
PLANTA UMA SEMENTE!**
Todos os anos compensamos as nossas emissões de carbono anuais com créditos no Instituto Terra, um programa de reflorestação em Minas Gerais, Brasil, fundado por Lélia e Sebastião Salgado. Para saber mais sobre esta parceria ecológica, por favor veja: www.taschen.com/institutoterra.
Inspiração: ilimitada.
Pegada de carbono: (quase) zero.

Quer ver mais? Visite taschen.com para ver as nossas publicações atuais, folhear a nossa revista mais recente e assinar o nosso boletim informativo.

© 2025 TASCHEN GmbH
Hohenzollernring 53, D–50672 Köln
www.taschen.com

Tradução: João Bernardo Boléo (Vernáculo, Lda.), Lisboa

ISBN 978-3-7544-0383-9
Printed in Slovakia

Capa:
Faculdade de Inovação, Ciência e Tecnologia da Universidade Politécnica da Florida, Lakeland, Florida, EUA, 2009-2014

Ilustração da página 2:
Retrato de Santiago Calatrava, 1997

Ilustração em cima:
Esboço a aguarela de figuras humanas de Santiago Calatrava, 1999

Contracapa:
Santiago Calatrava, 2005

Índice

- 6 Introdução

- 22 Armazém Ernsting, Coesfeld-Lette
- 24 Estação de Stadelhofen, Zurique
- 28 Ponte Bac de Roda-Felip II, Barcelona
- 30 Ponte Alamillo e Viaduto La Cartuja, Sevilha
- 32 Torre de Comunicações Montjuïc, Barcelona
- 34 Estação de Caminho-de-Ferro do Aeroporto Lyon-Saint Exupéry, Satolas
- 38 Aeroporto e Torre de Controlo de Sondica, Bilbau
- 42 Auditório de Tenerife, Santa Cruz de Tenerife
- 46 Cidade das Artes e Ciências/Ópera, Valência
- 52 Gare do Oriente, Lisboa
- 56 Milwaukee Art Museum, Milwaukee
- 60 Ponte Mujer, Buenos Aires
- 62 Bodegas Ysios, Laguardia
- 66 Turning Torso, Malmö
- 70 Centro de Exposições e Congressos
- 72 Complexo de Desportos Olímpicos, Atenas
- 76 Interface de Transportes do World Trade Center
- 80 Ponte da Paz
- 82 Faculdade de Inovação, Ciência e Tecnologia da Universidade Politécnica da Florida
- 84 Ponte Margaret Hunt Hill
- 86 Museu do Amanhã
- 88 Santuário Nacional de São Nicolau

- 90 Vida e Obra
- 94 Mapa do Mundo
- 96 Bibliografia/O Autor/Créditos

O segredo da filantropia

Uma das três pontes sobre o Hoofdvaart, Hoofddorp, Holanda, concluída em 2004.

«Comecei por querer ir para a escola de artes», recorda Santiago Calatrava. «Mas um dia fui comprar umas coisas a uma loja em Valência, e vi um livrinho com belas cores. Tinha umas elipses amarelas e cor de laranja e um fundo azul, e comprei-o imediatamente. O livro era sobre Le Corbusier, cuja obra foi para mim uma descoberta. Vi imagens de escadarias de betão da Unité d'Habitation, e disse para mim próprio: "Que extraordinário sentido da forma". O objetivo do livro era mostrar os aspetos artísticos da obra do arquiteto. Como resultado de o ter comprado, mudei para a escola de arquitectura».[1]

Calatrava nasceu perto de Valência em 1951 e aí frequentou a escola primária e secundária. Em 1959, entrou para a Escola de Artes e Ofícios, em Valência, onde iniciou a sua formação em desenho e pintura. Quando tinha 13 anos, a família tirou partido da abertura das fronteiras da Espanha de Franco, e mandou-o para França em regime de intercâmbio de estudantes. Depois de concluir o ensino liceal em Valência, Calatrava foi para Paris para frequentar a École des Beaux-Arts, mas chegou em 1968, no auge da revolta estudantil. Regressou a Valência e, seduzido por um pequeno livro colorido, entrou para a Escuela Técnica Superior de Arquitectura, onde se formou em arquitetura e fez uma pós-graduação em urbanismo.

Quando outros teriam concluído os seus estudos, Calatrava decidiu continuar. Atraído pelo rigor matemático que observava em certas obras de arquitetura histórica, e sentindo que a sua formação em Valência não lhe tinha dado uma orientação clara, Calatrava decidiu dar início aos seus estudos de pós-graduação em Engenharia Civil e entrou em 1975 para o ETH (Instituto Federal de Tecnologia), em Zurique. Doutorou-se em 1979. Esta decisão mudou a sua vida em muitos aspetos. Foi durante este período que conheceu e casou com a sua mulher, Robertina Marangoni, estudante de Direito em Zurique. A nível profissional, as bases da atual atividade de Calatrava também se encontram em Zurique. Como refere, «O desejo de começar do zero era extremamente forte para mim. Estava determinado a pôr de lado tudo aquilo com que tinha trabalhado na escola de arquitetura e a aprender a desenhar e a pensar como um engenheiro. Estava fascinado pelo conceito de gravidade e determinado no sentimento de que era necessário trabalhar com formas simples. Poderia dizer que o meu gosto pela simplicidade na engenharia surgiu em parte da minha observação da obra do engenheiro suíço, Robert Maillart. Através de formas simples, ele mostrou que é possível criar um conteúdo poderoso e produzir uma resposta emocional. Com a combinação adequada de força e massa, podemos criar emoção».

Arquiteto, engenheiro, artista

O interesse de Calatrava pela arte e pelo sentido estético que o conduziu ao pequeno livro sobre Le Corbusier, seriam outro fator constante na sua obra, e um dos aspetos que o distingue no mundo da arquitetura contemporânea. A propósito de uma exposição da sua arte e arquitetura que teve lugar no Metropolitan Museum of Art, em Nova Iorque, em 2005, Calatrava diz: «Penso que o conservador responsável, Gary Tinterow, compreendeu a minha forma de trabalhar porque deu à exposição o título "Escultura

[1] Entrevista com Santiago Calatrava, Zurique, 22 de fevereiro, 2006.

Mãe e Filho, bronze com banho de ouro, granito preto, 1990.

na Arquitetura" e não o inverso. Os críticos de arquitetura ainda não deixaram de ficar perplexos com o meu trabalho». Na realidade, enquanto referia que a última vez que o Metropolitan expôs a obra de um arquiteto vivo tinha sido em 1973, Nicolai Ouroussoff, ao analisar esta exposição, escreveu no *The New York Times*: «Ninguém nega que as esculturas do Sr. Calatrava são expostas no Met pelo seu próprio mérito; enquanto arte, derivam fundamentalmente das obras de mestres falecidos, como Brancusi». E depois conclui de forma brutal: «Seria bom que tivesse deixado a escultura no seu *atelier*».[2] Este comentário parece acima de tudo mostrar a falta de compreensão em relação à escultura de Calatrava. «Na escultura», diz ele, «utilizei esferas e cubos, formas simples frequentemente relacionadas com os meus conhecimentos de engenharia. Foi uma escultura que deu origem ao Turning Torso (Malmö, Suécia, 1999-2004). Tenho de admitir que admiro muito a liberdade de um Frank Gehry ou um Frank Stella como escultores. Há uma alegria e uma liberdade na obra de Stella que não está presente na minha escultura, que se baseia sempre na rude questão da matemática».[3] Calatrava é muito claro quando afirma que nunca gostou do circuito das galerias de arte, quase nunca expondo a sua escultura. Sublinha igualmente o facto de que «a reação que recebi dos artistas é muito positiva. A arte é muito mais livre do que a arquitetura porque, como disse Picasso, alguns artistas trabalham com mármore e outros com merda». Isso não significa que Santiago Calatrava seja ingénuo em relação à dificuldade da sua tarefa. Em 1997, escreveu: «A arquitetura e a escultura são dois rios

2 Nicolai Ouroussoff, «Edifícios Expostos como Arte e Arte como Edifícios», *The New York Times*, 25 de outubro 2005.
3 Entrevista com Santiago Calatrava, Zurique, 22 de fevereiro, 2006.

Centro de Serviços de Emergência e Galeria Pfalzkeller, St. Gallen, Suíça, 1988-1998.

em que flui a mesma água. Imaginem que a escultura é plasticidade livre, enquanto a arquitetura é plasticidade que tem de se submeter à função e à noção óbvia da escala humana (através da função). Onde a escultura ignora a função, livre das questões mundanas da utilização, é superior à arquitetura enquanto expressão pura. Mas, através da harmonia com a escala humana e ambiente, através da sua penetrabilidade e interioridade, a arquitetura sobrepõe-se à escultura nestas áreas específicas».[4]

Calatrava chega mesmo ao ponto de sugerir que a arte deve ser considerada uma fonte de ideias para a arquitetura. «Porque é que faço desenhos da figura humana? O artista ou o arquiteto pode enviar a sua mensagem através do tempo pela força da forma e da sombra. Rodin escreveu: "A harmonia nos corpos vivos é o resultado do equilíbrio das massas que se movem; a Catedral é construída seguindo o exemplo do corpo vivo".[5] Deixem-me dar um exemplo da importância da arte para a arquitetura do século XX. Quando Le Corbusier escreveu que "A arquitetura é o magistral, correto e magnífico jogo de massas reunido na luz", em 1923[6], quantas pessoas sabiam que se baseava no pensamento do escultor Auguste Rodin? Em 1914, no seu livro *Les Cathédrales de France* [As Catedrais de França], Rodin escreveu: "O escultor alcança grande expressão apenas quando concentra toda a sua atenção no jogo harmonioso de luz e sombra, tal como faz o arquiteto".[7] O facto de uma das mais famosas frases da arquitetura moderna ter sido inspiração de um escultor e não de um arquiteto salienta o significado da arte».

4 Julio González, *Dessiner dans l'espace*, Skira, Kunstmuseum, Berna, 1997.
5 Auguste Rodin, *Les Cathédrales de France*, Armand Colin, Paris, 1914.
6 Le Corbusier, *Vers une architecture*, Paris, 1923.
7 Auguste Rodin, *Les Cathédrales*, op cit. «Il n'atteint à la grande expression qu'en donnant toute son étude aux jeux harmoniques de la lumière et de l'ombre, exactement comme fait l'architecte».

Estrela Musical, bronze com banho de ouro, fio e granito preto, 1999.

Para além deste consistente interesse pela arte, Santiago Calatrava trouxe igualmente uma paixão relacionada com a sua muito pessoal definição de arquitetura — a do movimento: insinuado, mas também real, ou seja, movimento físico. Desde as primeiras portas do Armazém Ernsting (Coesfeld-Lette, Alemanha, 1983-1985) até ao mais recente Burke Brise Soleil (Milwaukee Art Museum, Milwaukee, Wisconsin, 1994-2001), tem regressado vezes sem conta, na sua escultura e na sua arquitetura, ao invulgar conceito de movimento físico repetitivo. Porquê? «Há um elemento cinematográfico na arte do século xx», responde Calatrava. «Artistas como Alexander Calder, Naum Gabo ou Moholy-Nagy criaram esculturas que se movem. Gosto muito do trabalho deles, que provoca em mim uma grande emoção. A minha tese de doutoramento "Sobre o Carácter Dobráve das Estruturas Espaciais" estava relacionada com o facto de a figura geométrica poder ser reduzida de três dimensões para duas e por fim para apenas uma. Se pegarmos num poliedro e o esmagarmos, obtemos uma superfície plana. Outra transformação pode reduzi-lo a uma linha, a uma única dimensão. Isso pode ser visto como um problema de matemática ou topologia. Todo o mistério dos sólidos platónicos omnipresentes está resumido no poliedro. Depois de pensar nestas questões, comecei a olhar para a escultura antiga de outra forma. Obras como o *Discóbolo*, de Myron, criam uma tensão baseada num instante de movimento, e foi por isso que me interessei pelo problema do

Ponte Sundial, Redding, Califórnia, 1995-2004.

tempo, do tempo como uma variável. Einstein disse: "Deus não joga aos dados com o Universo", e assim tornou-se claro para mim que tudo está relacionado com a matemática e com a dimensão única do tempo. Depois, pensei na estática (o ramo da Física relacionado com sistemas físicos em equilíbrio estático) e percebi que nada tem de estático. Tudo é movimento potencial. A segunda lei de Newton, dos estados de movimento, diz que a aceleração de um objeto depende de duas variáveis: a força que atua sobre o objeto e a massa do objeto. A massa e a aceleração estão relacionadas, e por isso há tempo na força. Percebi que a arquitetura está cheia de coisas que se movem, desde as portas ao mobiliário. A própria arquitetura move-se, e com alguma sorte torna-se uma bela ruína. Tudo muda, tudo morre, e há um significado existencial nos movimentos cíclicos. Eu queria fazer uma porta minha, uma porta que tivesse um significado poético e se transformasse numa figura no espaço, e foi assim que surgiu o projeto Ernsting».

A essência da arquitetura

De entre a sua obra podemos destacar um dos projetos mais complexos e politicamente sensíveis imagináveis nos Estados Unidos, o Interface de Transportes do World Trade Center, no meio da desolação a que os nova-iorquinos chamaram Ground Zero. «Para nós, ele é o Da Vinci da nossa era», afirma Joseph Seymour, antigo diretor-

-executivo da Port Authority de Nova Iorque e New Jersey, que está a construir a estação. «Ele combina luz e ar e elegância estrutural com força». Este tipo de elogio não é raro, mesmo no mundo fechado da arquitetura. Em 2005, Santiago Calatrava tornou-se o segundo espanhol (depois de Josep Lluís Sert, em 1981) a vencer a prestigiada Medalha de Ouro do American Institute of Architects. A Comissão de *Design* do AIA declarou: «A obra de Santiago Calatrava procura a essência da arquitetura. A sua arquitetura expande a visão e a energia do espírito humano, cativando a imaginação e deleitando-nos nas maravilhas do que a forma escultural e a estrutura dinâmica podem realizar. Santiago Calatrava define a razão de ser da Medalha de Ouro. A sua visão eleva o espírito humano através da criação de ambientes nos quais vivemos, brincamos e trabalhamos».

Santiago Calatrava parece não estar perturbado com a coexistência da arte, arquitetura e engenharia no seu próprio pensamento. E, no entanto, com os seus interesses combinados, Calatrava está realmente próximo do núcleo de um dos mais intensos debates na história recente da construção e do *design*. Como escreveu Sigfried Giedion no seu livro *Space, Time and Architecture* [Espaço, Tempo e Arquitetura], «A chegada do engenheiro de estruturas com componentes de criação de forma mais rápidos e industrializados quebrou a extravagância artística, destruiu a posição privilegiada do arquiteto e forneceu a base para os desenvolvimentos atuais. O engenheiro do século XIX assumiu inconscientemente o papel de guardião dos novos elementos que continuamente fornecia aos arquitetos. Estava a desenvolver formas que eram ao mesmo tempo anónimas e universais». Giedion reutiliza o debate sobre o papel da engenharia citando uma série de datas e acontecimentos essenciais. Entre eles, «1877: Nesse ano a questão entrou na Académie, quando foi atribuído um prémio à melhor dissertação sobre "a união ou separação do engenheiro e do arquiteto". Davioud, um dos arquitetos do Trocadéro, venceu o prémio com esta resposta: "O acordo nunca será real, completo e produtivo até ao dia em que o engenheiro, o artista e o cientista se fundam na mesma pessoa. Há muito que vivemos com a disparatada convicção de que a arte é um tipo de atividade distante de todas as outras formas de inteligência humana, estando a sua única fonte e origem na personalidade do próprio artista e na sua caprichosa fantasia"»[8]. Embora nem a insistência de Giedion no «anonimato» da obra do engenheiro nem a referência de Davioud à «caprichosa fantasia» do artista pareçam encaixar-se na poderosa originalidade de Calatrava, ele parece, no entanto, cumprir as exigências do francês para um acordo entre arte, engenharia e arquitetura. Assim, também a referência de Joseph Seymour ao «Da Vinci da nossa era» nos vem à mente.

O catálogo da exposição de 1993 de Santiago Calatrava no Museum of Modern Art, em Nova Iorque, sublinha a relação íntima da sua obra com a de outros engenheiros vanguardistas: «Calatrava faz parte da distinta herança da engenharia do século XX. Tal como engenheiros de gerações precedentes — Robert Maillart, Pier Luigi Nervi, Eduardo Torroja e Felix Candeia — Calatrava vai para além de uma abordagem que resolve apenas problemas técnicos. Para estes engenheiros, a estrutura é um equilíbrio entre o critério científico da eficiência e a inovação de novas formas. Calatrava considera a engenharia como "a arte do possível", e procura um novo vocabulário, de forma que se baseia no conhecimento técnico, embora não seja um hino à técnica».[9] A primeira personalidade citada, Robert Maillart (1872-1940), formou-se no ETH em Zurique em 1894, criou posteriormente algumas das mais espetaculares pontes modernas e utilizou o betão de forma inovadora. O seu Armazém Giesshübel,

Piscina Temporária, ETH Zurique, 1979.

8 Sigfried Giedion, *Space, Time and Architecture*, 5.ª edição, Harvard University Press, Cambridge, Massachusetts, 1976.

9 Matilda McQuaid, *Santiago Calatrava, Structure and Expression*, The Museum of Modern Art, Nova Iorque, 1993.

Ponte Rodoviária Alpina Acleta, Disentis, Suíça. Uma de uma série de estudos de 1979 elaborados por Calatrava no ETH, Zurique.

10 *Ibid.*

em Zurique (1910), teve pela primeira vez um «teto cogumelo» de laje de betão, que permitiu a Maillart a eliminação das traves. Como escreve Matilda McQuaid, «Maillart foi um dos primeiros engenheiros deste século a afastar-se totalmente da construção de alvenaria e a aplicar uma solução elegante tecnicamente apropriada para reforçar a construção em betão. Embora a ideia técnica da obra de Calatrava não seja nem a motivação principal, como no caso de Maillart, nem secundária, enforma a expressão global da estrutura. A obra de Calatrava torna-se um "entrelaçado de expressão plástica e revelação estrutural, produzindo resultados que possivelmente se poderão descrever melhor como uma síntese de estética e física estrutural"».[10]

Ponte Puerto, Ondarroa, Espanha, 1989-1995.

Embora admire naturalmente a obra de Maillart, Santiago Calatrava não se coíbe de afirmar que as suas pontes são muito diferentes das do seu predecessor, mesmo que seja apenas pela sua localização. «As pontes de Maillart», diz Calatrava, «estão muitas vezes situadas em belos cenários de montanha. A proeza que conseguiu foi a de introduzir com sucesso elementos artificiais em locais magníficos». «Atualmente», continua, «creio que uma das tarefas mais importantes é a de reconsiderar a periferia das cidades. Na maioria dos casos, as obras públicas nestas áreas são puramente funcionais e, no entanto, mesmo perto de linhas de caminho-de-ferro ou sobre rios poluídos, as pontes podem produzir um efeito notavelmente positivo. Ao criar um ambiente apropriado, as pontes podem produzir um impacto simbólico cujas ramificações vão muito para além da sua localização imediata».[11]

A obra de Calatrava tem indubitavelmente sido influenciada pela de Felix Candela, que nasceu em Madrid em 1910 e que emigrou para o México em 1939, onde criou uma série de estruturas notáveis, como a Iglesia de la Virgen Milagrosa (Navarte, México, 1955), um *design* inteiramente baseado em paraboloides hiperbólicos. Outro espanhol, o engenheiro de Madrid, Eduardo Torroja (1899-1961), estava fascinado pelo uso de formas orgânicas ou vegetais, cuja inegável presença escultural poderá ter sido influenciada por Gaudí. Muitas das referências de Santiago Calatrava estão relacionadas com arquitetos e artistas espanhóis, e mais especificamente catalães. «O que me fascina na personalidade de Goya, por exemplo», diz Calatrava, «é o facto de ter sido um dos primeiros artistas a renunciar à ideia, como fez Rembrandt, antes dele, de servir qualquer mestre. O que admiro na obra de Miró», continua, «é o seu notável silêncio assim como a sua rejeição radical de tudo o que é convencional». Embora Gaudí lhe forneça um exemplo como o de Maillart, Calatrava parece estar mais à vontade quando fala do escultor Julio González. «O pai e avô de González trabalhavam o metal para Gaudí em projetos como o Parque Güell.

11 Entrevista com Santiago Calatrava, Zurique, junho, 1997.

Depois foram para Paris, e é daí que derivam os trabalhos de metal de Julio González. Com a devida modéstia», conclui Calatrava, «poderíamos dizer que aquilo que fazemos é a continuação natural da obra de Gaudí e de González, uma obra de artesãos que se deslocam na direção da arte abstracta».[12]

12 *Ibid.*

O tipo de arte a que Santiago Calatrava se refere manifesta-se nas suas pontes e edifícios mais famosos, e, no entanto, continua a ser difícil descrever por palavras. Outra das figuras essenciais da engenharia do século XX, o italiano Pier Luigi Nervi, tentou defini-la numa série de palestras que deu em Harvard em 1961: «É muito difícil explicar a razão da nossa aprovação imediata de formas que nos surgem de um mundo físico com o qual nós, aparentemente, não temos qualquer laço direto. Por que razão estas formas nos satisfazem e comovem da mesma forma que as coisas naturais, como as flores, plantas e paisagens às quais nos acostumámos através de inúmeras gerações? Pode observar-se igualmente que estas realizações têm em comum uma essência estrutural, uma ausência necessária de toda a decoração, uma pureza de linha e forma mais do que suficiente para definir um estilo autêntico, um estilo a que se deu o nome de estilo verdadeiro. Entendo como é difícil encontrar as palavras certas para expressar este conceito. Quando faço estes comentários a amigos, eles dizem-me com frequência que esta visão do futuro próximo é terrivelmente triste, que talvez fosse melhor renunciar voluntariamente ao estreitar das ligações entre as nossas criações e as leis físicas, se na realidade estas ligações nos conduzem a uma monotonia fatal. Creio que este pessimismo é justificado. Por muito que as exigências sejam técnicas, há sempre uma

Ponte Bach de Roda-Felipe II, Barcelona, Espanha, 1984-1987.

BCE Place, Toronto, Canadá, 1987-1992.

margem suficiente de liberdade para mostrar a personalidade do criador de uma obra e, se ele for um artista, para permitir que a sua criação, mesmo que na sua obediência técnica estrita, se torne uma real e verdadeira obra de arte».[13]

Asas e uma oração

A sensibilidade de Calatrava em relação ao *design* urbano foi sem dúvida o que lhe garantiu as vitórias em concursos como o de Lisboa, mas também Liège, ou em Manhattan, para o Interface de Transportes do World Trade Center, carregado de simbolismo. Sentimos genuinamente que o arquiteto pode elevar um local como uma estação de caminho-de-ferro e conferir-lhe um sentido de sagrado. Quando lhe perguntaram se a sua ideia era a de criar espaços que são confortáveis e humanos ou se pretendia algo mais, a resposta de Calatrava revela muito sobre o seu processo criativo: «Tudo se baseia no homem», diz ele, «mas na complexidade do homem existe o sagrado, ou não haveria tanta gente reunida no Panteão em Roma para ver o buraco redondo da cúpula. E em relação às estações de caminho-de-ferro? Se pegarmos no exemplo das estações modernas na Suíça — em Zurique ou Basileia, por exemplo — temos a sensação de que estamos num centro comercial. O Grand Central Terminal, em Nova Iorque, parece vir de outro planeta. Ao exaltar os valores abstratos, a arqui-

[13] Pier Luigi Nervi, *Aesthetics and Technology in Building, The Charles Eliot Norton Lectures*, 1961/62, Harvard University Press, Cambridge, Massachusetts, 1965.

Estação de Caminho-de-Ferro do Aeroporto Lyon-Saint Exupéry, Satolas, França, 1989-1994.

tetura consegue ser um catalisador de acontecimentos monumentais. Mas, se a encararmos com uma atitude puramente funcional, não catalisamos nada. Acabamos com um centro comercial medíocre. O sentimento que me ocorre no Central Hall do Grand Station Terminal é o produto de uma grande inteligência. Ele confere um sentido específico, até mesmo um aspeto sagrado, ao comércio. Mesmo sem sacrificar nenhuma da sua utilidade, a estação transforma-se num ato de celebração. Observemos tudo o que surgiu em redor do vazio do coração do Grand Central — o Edifício Seagram e a própria Park Avenue. Na América, nenhum edifício se assemelha tanto ao Panteão nestes termos. Olhemos para o que os arquitetos colocaram no centro do grande átrio — um relógio e uma pequena estante para horários —, dois elementos que pretendem oferecer e não retirar nada aos viajantes. Necessitamos da beleza e a beleza pode gerar grandes coisas».[14]

Ao descrever os seus planos para o novo Interface de Transportes do World Trade Center, Calatrava enumerava os seus materiais como sendo o «vidro, aço, betão, pedra e luz». O arquiteto percebeu que a luz tinha de brilhar no coração de um dos acontecimentos mais sombrios da história americana recente e que tocou a sensibilidade dos nova-iorquinos mesmo antes das asas da sua nova estação se erguerem do chão. Embora sugestiva de motivos de muitas tradições (a *mandorla* bizantina, as asas dos querubins

14 Entrevista com Santiago Calatrava, Zurique, 22 de fevereiro, 2006.

Um modelo do futuro Interface de Transportes do World Trade Center, Nova Iorque, 2003-2016.

sobre a Arca da Aliança, as asas protetoras nas urnas egípcias) a forma do seu telhado de vidro é resumida, segundo Santiago Calatrava, através da imagem de um pássaro libertado das mãos de uma criança. Qualquer que seja o simbolismo, o complexo de 2 mil milhões de dólares ficou igualmente ligado aos muito complexos níveis do sistema de transportes da baixa de Manhattan, que nasceu de um século de extensões, ampliações e mudanças de direção. Referindo-se aos sentimentos do próprio Calatrava em relação à importância de um *design* enaltecedor, Michael Bloomberg, mayor de Nova Iorque, declarou: «Hoje desvendamos o *design* da nova estação PATH da baixa e imaginamos que as futuras gerações olharão para este edifício como um verdadeiro registo da nossa vida hoje, enquanto reconstruímos a nossa cidade. O que verão eles na obra emocionante de Santiago Calatrava? Verão criatividade no *design*, força na construção... E verão otimismo — um edifício que parece levantar voo — tal como o bairro a que presta serviço».

O desafio vertical

Do mundo plano das pontes que tão bem domina, Calatrava aventurou-se com arrojo na verticalidade das torres em várias ocasiões ao longo da sua carreira, embora seja evidente que se está a concentrar cada vez mais neste tipo de *design*. Por exemplo, Calatrava concebeu três torres muito diferentes, a Turning Torso, baseada em desenhos seus de um tronco masculino, a 80 South Street Tower, em Nova Iorque, feita a partir de 12 cubos envidraçados em projeção, inspirada numa série de esculturas que criara 20 anos antes, e a Chicago Spire, uma torre com 160 pisos e 610 metros de altura que será um dos edifícios mais altos dos Estados Unidos. Em cada um destes casos, o arquiteto demonstra que não sente de forma nenhuma que as torres estão desatualizadas enquanto símbolos, ou como formas de *design* funcionais e eficientes. A Turning Torso e a 80 South Street Tower personificam a ideia de Calatrava de usar a ciência da estática para conferir a impressão de movimento inerente ao conceito de massa. Com base em cálculos matemáticos, estas obras escapam ao reino da ciência fria para evocar o corpo ou o sentimento de enaltecimento que só um grande edifício pode inspirar.

Turning Torso, mármore de Tasos, aço cromado, fio, 1991.

O jornal *The New York Times* pediu a Brancusi que descrevesse as esculturas de Calatrava, o que em si mesmo não será uma comparação depreciativa, e, no entanto, poderá ser verdade que o arquiteto-engenheiro se baseia aparentemente mais em exemplos do início do século XX do que do pensamento e da arte mais recentes. Calatrava cita Einstein, que, com eloquência, afirmou: «Deus não joga aos dados com o Universo». Mas naquela altura, o mestre da física moderna estava a reagir aos avanços da Teoria Quântica, e em especial ao *Princípio da Incerteza*, de Werner Heisenberg, que declarava, em referência às partículas subatómicas, que «Quanto mais exata for a posição determinada, menos exatamente é conhecido o momento nesse instante,

The New York Times Capsule, Nova Iorque, 2001.

e vice-versa». Embora muitos artistas e arquitetos desde então (1927) tenham personificado a argumentação dos tempos incertos na sua obra, por que razão Calatrava parece estar tão firmemente agarrado a outra era — uma era em que os sólidos platónicos poderão ter governado em vez da complexidade descrita pelas teorias de Benoît Mandelbrot, por exemplo? «Na década de 1980», diz Calatrava, «houve realmente experimentação na arquitetura que estava relacionada com a Teoria do Caos e com o tipo de matemática usado para prever o movimento da bolsa de valores ou o tempo. Mas há um elemento programático na famosa frase de Einstein que eu gostaria de sublinhar. A ordem existe, e eu sinto-me tentado a dizer que já ultrapassámos a Teoria do Caos e começámos a pensar na ordem do *design*. Pessoalmente, nunca quis transmitir nada de explícito na arquitetura para além da ordem. Na realidade, sempre me referi à geometria pura e ao movimento controlado. A única altura em que o acaso pode entrar na minha obra é quando faço um esboço. No que diz respeito à arquitetura atual, noto que aqueles que escolhem modelos baseados na incerteza, sob a forma de desordem ou desconstrução, por assim dizer, são obrigados a uma forte referência à engenharia quando procuram conferir alguma maturidade à sua obra. Pessoas como Daniel Libeskind referem-se orgulhosamente à sua experiência passada com a matemática, e é óbvio que a ciência dos engenheiros é essencial para a sua arquitetura. Serei arrojado ao ponto de dizer que sempre disputei o jogo a partir do centro».[15]

Uma coleção de pérolas

Aos 73 anos de idade, torna-se claro que Santiago Calatrava está na fase madura da sua carreira, e, como testemunham as suas obras recentes, não tem qualquer intenção de se tornar enfadonho com o decorrer do tempo. É fácil ver onde Calatrava esteve, mas não é tão óbvio ver para onde irá no futuro. Este aspeto poderá ser a chave para compreender o seu pensamento. «Imaginemos que não sabemos para onde vamos», diz ele. «A bagagem que levamos é o que levamos cá dentro. Para mim, trata-se quase de uma situação de paranoia, ou de esquizofrenia. Possuo um sentido de formas que nasceu de 14 anos de estudos universitários — encontrei a matemática, que adoro. Quando olho para as obras de Picasso, Cézanne ou Matisse, que me comovem, devo sublinhar que eles nunca entraram na abstração, exceto em alguns pormenores limitados das suas obras. Trabalharam para criar uma emoção e eu nasci igualmente do universo deles. Há muito que sou inspirado por uma simples frase de Miguel Ângelo: *"L'architettura dipende dalle membra dell'uomo"* [A arquitetura depende dos membros do homem]. O uso do corpo humano como forma de expressão é e continuará a ser importante».

Independentemente da importância que a matemática e a ciência da engenharia possam ter na obra de Santiago Calatrava, é a arte e a emoção que o impelem a criar obras que em muito ultrapassam o banal cálculo de forças. «A vida é como uma coleção de pérolas», diz Calatrava. «Encontramos uma aqui e outra ali na nossa rua. Qual é o sentido de função na arquitetura? É o amor, o amor que se dá aos outros, a generosidade do arquiteto. Há um grande segredo na arquitetura e é essa a sua natureza filantrópica, e essa filantropia pode ser compreendida em termos de função. Um edifício funciona bem através do amor pelos seres humanos. A beleza é proporcionada pela inteligência ou pela intuição. Na arquitetura, é necessário desenhar cada pormenor. Cada ato, exceto a emoção que nos coloca em marcha, é um ato de inteligência. A arquitetura é o que faz belas ruínas; é a mais abstrata de todas as artes».[16]

15 Entrevista com Santiago Calatrava, Zurique, 22 de fevereiro, 2006.
16 *Ibid*.

Os estudos de figuras de Calatrava não estão necessariamente relacionados de modo direto com obras específicas. No entanto, esta aguarela revela o espírito que orienta muita da sua arquitetura.

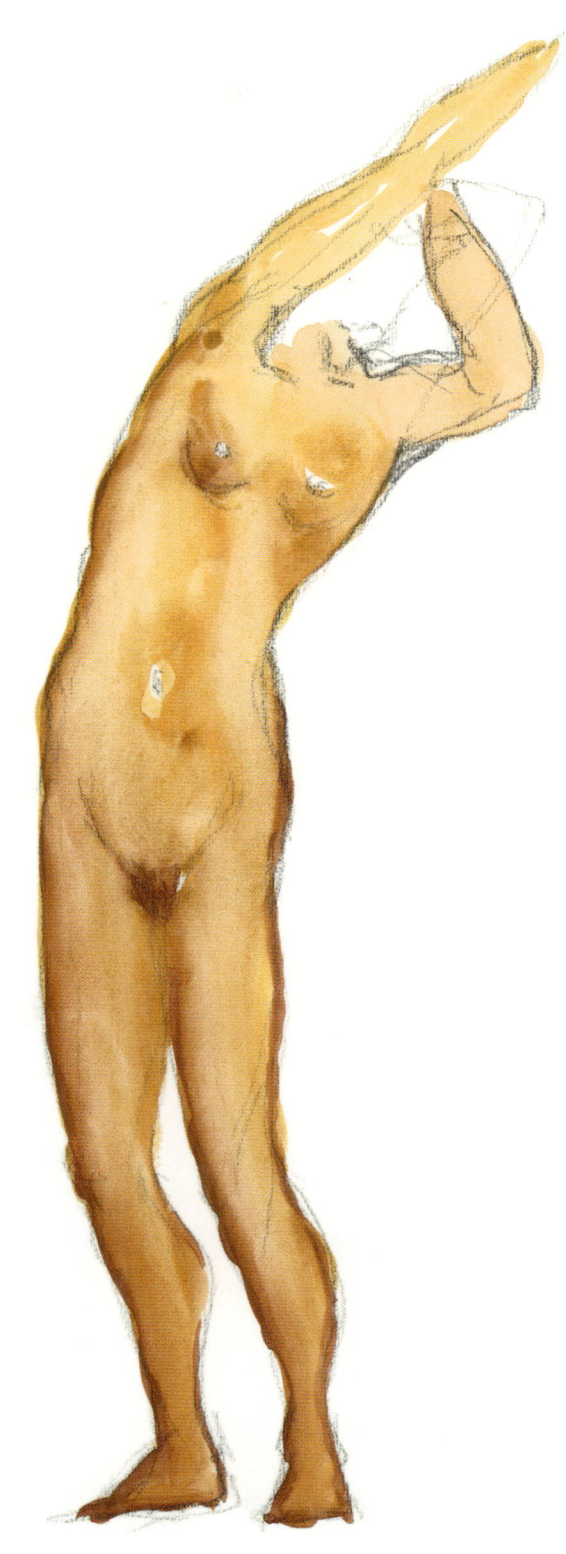

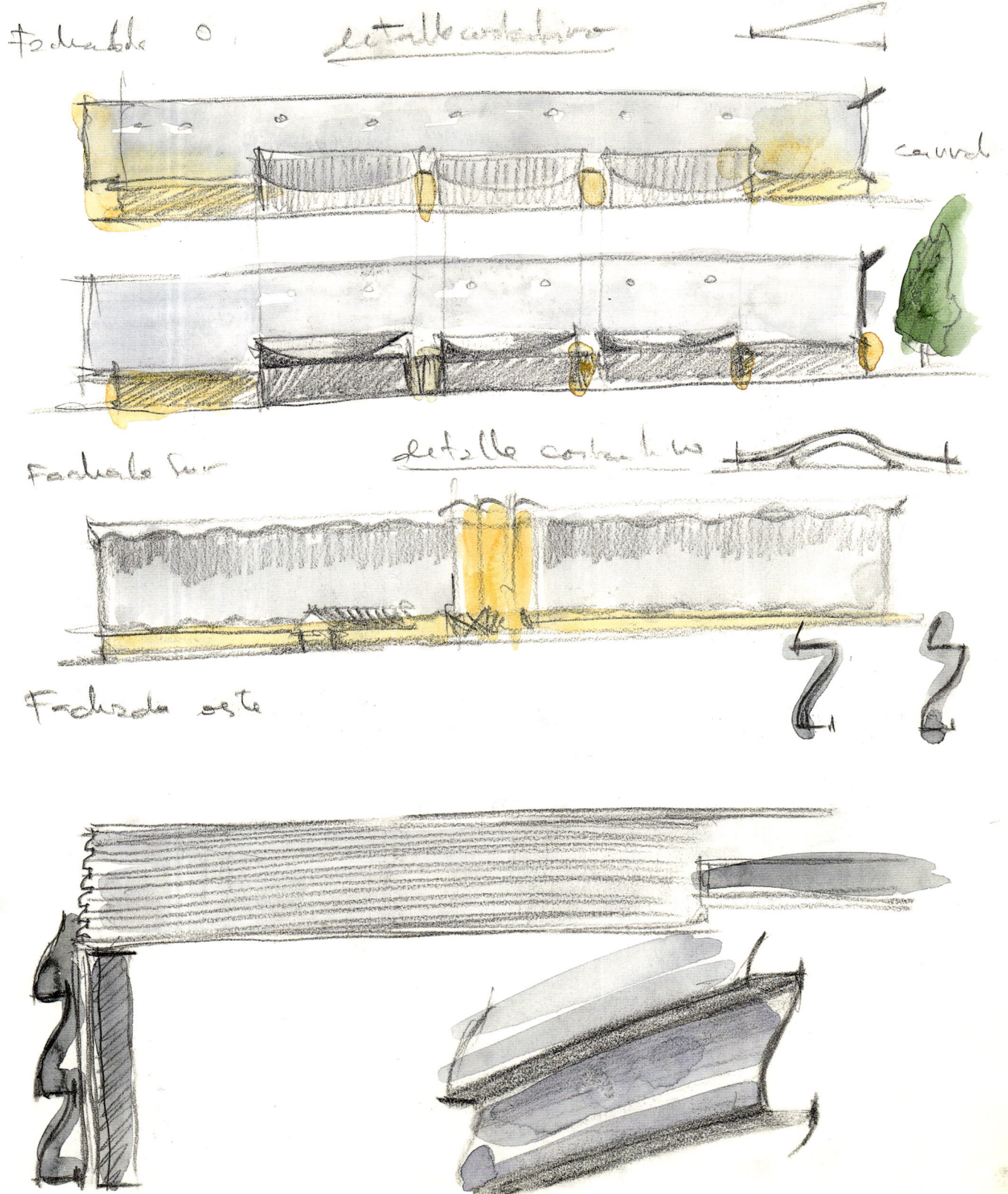

1983-1985 · Armazém Ernsting
Coesfeld-Lette, Alemanha

Esboços de Calatrava mostram as portas nas posições aberta e fechada assim como a fachada oposta da estrutura.

O armazém com as portas abertas.

As portas a fechar.

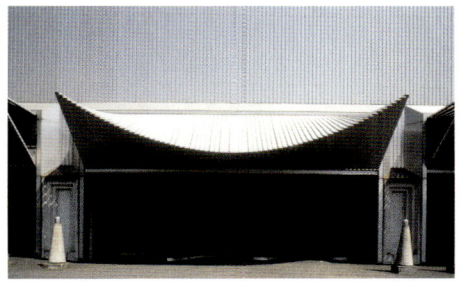

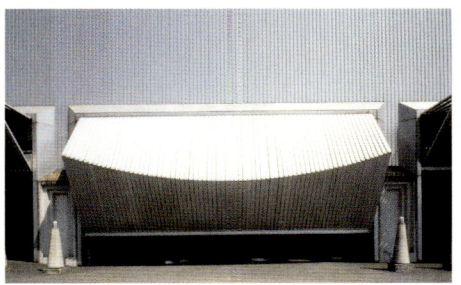

Ernsting é um famoso fabricante de vestuário alemão. Nos terrenos da empresa, em Coesfeld-Lette, o armazém que Calatrava construiu na década de 1980 está agora situado em frente do David Chipperfield's Service Center (1998-2001), um elegante *design* minimalista rodeado por um jardim concebido pelos famosos arquitetos paisagistas belgas, Jacques e Peter Wirtz. Calatrava trabalhou com um armazém inicial proposto por Gerzi, especialista em instalações para a indústria têxtil. Decidiu cobrir a estrutura de Gerzi com alumínio não tratado, um material tipicamente industrial, procurando que cada fachada fosse diferente, mantendo ao mesmo tempo a unidade global imposta pela cobertura. O alumínio é tratado segundo padrões de luz, ondulado a sul, onde «responde à luz do Sol como se fosse uma escultura gigante», ou com um perfil especial em S a norte, onde a fachada recebe apenas o Sol do meio-dia. A característica mais surpreendente sugerida por Calatrava tinha a forma de três grandes portas que se abrem para criar coberturas. Uma escultura de Calatrava com uma «forma baseada no olho humano» fazia parte do processo de *design*. «Aqui», diz o arquiteto, «a forma tornou-se uma experiência cinética, usada para pesquisar a transformação mecânica dos planos num edifício».

1983-1990 · Estação de Stadelhofen
Zurique, Suíça

Plataformas ferroviárias curvas e cobertura de Calatrava.

O esboço de Calatrava — correspondente ao lado esquerdo da imagem da página ao lado — mostra como a estação está implantada na encosta.

Para esta expansão e redefinição de uma estação existente, projetada como nó urbano para um sistema rápido de tráfego, Santiago Calatrava participou no concurso com o arquiteto Arnold Amsler e o arquiteto paisagista Werner Rüeger. Adjacente a um talude curvo verde perto de Bellevueplatz e não longe de Theaterstrasse, a Estação de Caminho-de-Ferro de Stadelhofen revela a sua estrutura apenas quando o viajante chega às linhas de comboio. Uma cobertura de vidro transparente cobre todo o comprimento da plataforma, permitindo a entrada de uma grande quantidade de luz natural, não obstante o aspeto fechado do local. Ao propor o corte e redefinição da colina

Calatrava tem o cuidado de permitir a entrada de luz natural nos espaços subterrâneos, tornando as superfícies de betão menos ásperas.

A passagem subterrânea da estação revela algo das formas zoomórficas frequentemente usadas pelo arquiteto.

existente mantendo ao mesmo tempo a sua inclinação, os arquitetos evitaram a necessidade de construir um túnel. Uma latada de cabos cria uma «cobertura verde transparente que suaviza a intrusão da estação no seu ambiente». Sob o solo, uma área comercial paralela segue a curva das próprias linhas férreas. Escotilhas parecidas com bocas ou entradas projetadas para fechar as instalações durante a noite conduzem a esta zona comercial.

1984-1987 · Ponte Bac de Roda-Felip II

Barcelona, Espanha

Iluminada durante a noite, a ponte torna-se um símbolo de renovação de uma área deteriorada da cidade.

Embora as partes superiores mais visíveis da ponte transmitam uma sensação de leveza, os grandes suportes de betão garantem a solidez necessária da estrutura.

Com um comprimento total de 129 metros e com os seus arcos gémeos inclinados, esta ponte foi uma das primeiras a contribuir para a reputação de Santiago Calatrava. Na realidade, a inclinação a 60 graus dos arcos laterais de aço parece quase uma assinatura estilística do arquiteto-engenheiro. Atravessando uma espécie de terra de ninguém originalmente criada pela existência das linhas-férreas, a ponte liga as ruas Bac de Roda e Felip II, unindo uma grande secção da cidade ao mar. Através da combinação de poderosos suportes de betão, colunas monolíticas de granito e uma estrutura de aço em arco que se torna progressivamente mais leve com a altura, a Ponte Bac de Roda-Felip II demonstra igualmente a adesão de Calatrava a uma hierarquia de materiais e formas, escolhidos em função da sua distância em relação ao solo.

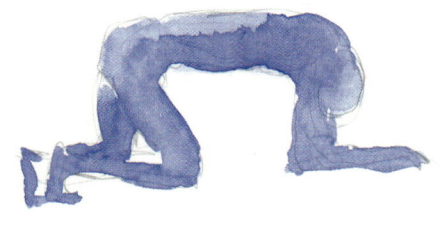

Um esboço de Calatrava de uma figura humana não é a inspiração específica para esta ponte, mas uma evocação de formas e forças.

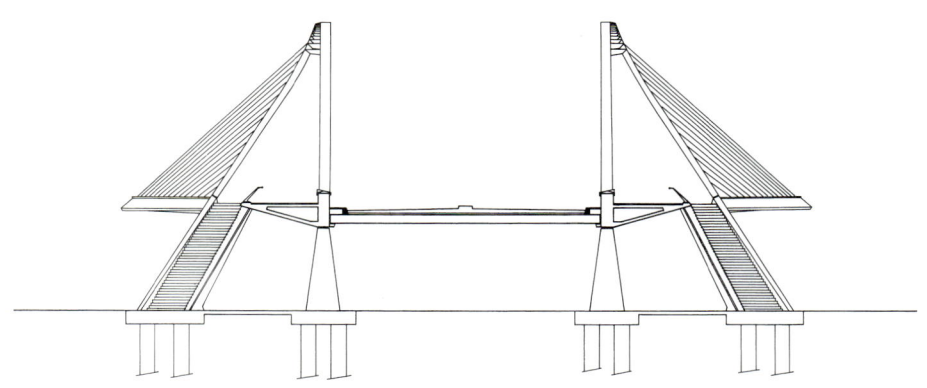

Alçado esquemático que mostra o desenho duplo e simétrico da ponte.

1987-1992 ▸ Ponte Alamillo e Viaduto La Cartuja

Sevilha, Espanha

A forma dinâmica da ponte, ainda mais espetacular de noite, deve-se em parte à ausência de suportes.

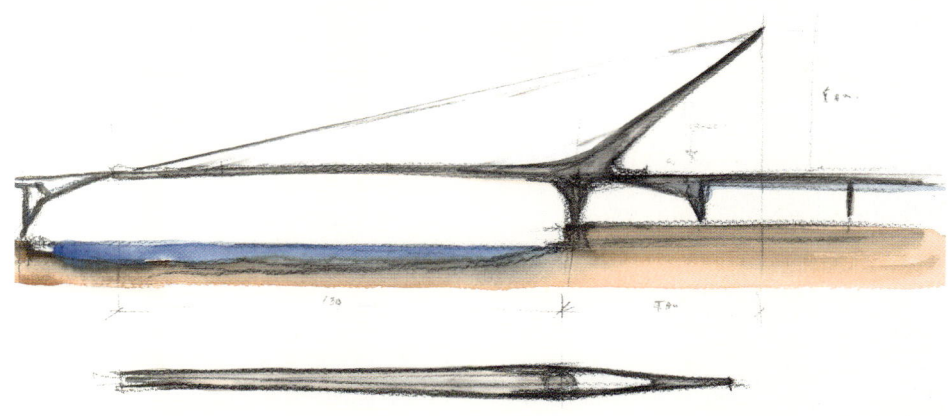

O esboço, aparentemente simples de Calatrava, demonstra na realidade o seu conhecimento de arquitetura e engenharia.

Outro esboço de figura da autoria do arquiteto que revela o seu interesse por posições em alongamento e tensão física.

Parte de um plano do governo da região da Andaluzia por ocasião da Expo 92, esta ponte tem um vão de 200 metros sobre o Meandro San Jeronimo, um braço pouco profundo do rio Guadalquivir. A sua característica mais impressionante é uma torre de 142 metros de altura, com uma inclinação de 58 graus, o mesmo que a Pirâmide de Khufu. Cheia com cimento, esta torre é suficientemente sólida para contrabalançar o tabuleiro da ponte, evitando a necessidade de outros suportes e permitindo que a ponte seja sustentada por apenas 13 pares de cabos. A pesquisa pessoal de Santiago Calatrava sobre a Ponte Alamillo envolveu uma escultura de 1986 chamada *Running Torso*, feita de cubos de mármore fixos em equilíbrio em ângulo por um arame em tensão. Os seus desenhos de figuras a correr vêm igualmente à mente. Ele propôs inicialmente uma segunda ponte, situada a 1,5 quilómetros da primeira, com a imagem espelhada do poste no ponto onde as estradas se cruzam de novo no mesmo rio, mas o cliente optou em vez disso pelo Viaduto da Puente de La Cartuja, de 526 metros, com duas faixas de rodagem de 10 metros de largura, que foram usadas como entrada norte para o local da Expo 92. O conceito de ponte dupla teria criado um enorme triângulo parcialmente imaginário, com o seu ponto elevado no céu sobre o local da Expo. Com frequência imitada por outros engenheiros e arquitetos, a torre inclinada da Ponte Alamillo sobressai como um símbolo da Sevilha moderna.

1989-1992 ▸ Torre de Comunicações Montjuïc

Barcelona, Espanha

A forma inesperada da torre pode ser vista como uma evocação de desportos olímpicos, como o lançamento do dardo.

O esboço de Calatrava e respetivo comentário revelam o seu método de conceção da torre, não apenas do ponto de vista técnico, mas também da perspetiva do engenheiro.

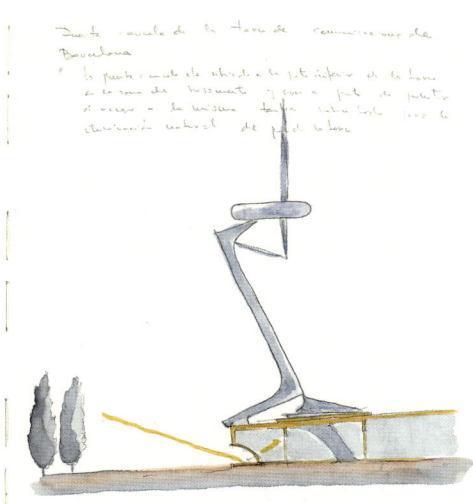

Ao renovar o seu interesse pelos elementos móveis na arquitetura, Calatrava incluiu uma abertura em forma de olho na base da torre.

Situada perto do Palau Sant Jordi e desenhada pelo arquiteto japonês Arata Isozaki, a Torre de Comunicações Montjuïc tem 136 metros de altura. Construída como a sua vizinha para os Jogos Olímpicos de 1992, baseia-se num tronco inclinado com um elemento anelar que contém a antena em cima. A base, fechada por uma porta com lâminas de metal, está relacionada com os seus estudos sobre o olho humano. Esta porta foi desenvolvida segundo linhas semelhantes às portas do Armazém Ernsting, em Coesfeld-Lette, Alemanha. Actuando como um relógio de sol, o tronco projeta sombra numa plataforma circular. A plataforma da base, um tambor de tijolo que contém equipamento de comunicações instalado na altura da competição, está coberto por ladrilhos partidos, evocando o Parque Güell, de Antoni Gaudí. Mantendo uma relação com a situação geográfica e solar do local, a Torre Montjuïc é ao mesmo tempo um símbolo dos Jogos Olímpicos e da história progressista e artisticamente orientada da própria cidade de Barcelona. O sentido de drama e de equilíbrio suspenso de Calatrava é tão evidente nesta torre como em qualquer das suas pontes. A estrutura não é de forma nenhuma antropomórfica, mas está suficientemente relacionada com o corpo e o seu movimento, que provoca no visitante uma sensação de familiaridade.

1989-1994 ▸ Estação de Caminho-de-Ferro do Aeroporto Lyon-Saint Exupéry

Satolas, França

Vista interior do átrio da estação que utiliza o *design* das claraboias para evocar uma poderosa imagem de luz.

Vista de perfil, a estrutura assemelha-se a um pássaro a pousar, possivelmente uma criatura pré-histórica.

Originalmente chamado Estação Lyon Satolas, este projeto é certamente uma das obras mais conhecidas de Calatrava. O arquiteto foi o vencedor do concurso organizado pela Região de Rhône-Alpes e Câmara do Comércio e Indústria de Lyon (CCIL). O concurso exigia um edifício que proporcionasse um fluxo homogéneo de passageiros, criando ao mesmo tempo uma «entrada para a região» estimulante e simbólica. A forma destas instalações de 5600 metros quadrados, que foi desenhada para a companhia de caminho-de-ferro francesa (SNCF) para ligar a rede de comboios de alta velocidade (TGV) ao Aeroporto de Lyon em Satolas, tem uma ligação mais íntima com as esculturas de Calatrava do que com qualquer animal. Construída com um custo total de 600 milhões de francos em três fases, a estação acomoda seis linhas, em que as duas do meio são envolvidas por uma concha de betão para os comboios de alta velocidade (300 km/h). Uma ponte de ligação com 180 metros de comprimento que une as instalações ao terminal do aeroporto confere ao projeto uma forma que recorda uma raia, mas também um pássaro. A sua característica essencial é o átrio principal, com um telhado de 1300 toneladas, que mede 120 x 100 metros, com uma altura máxima de 40 metros e um vão de 53 metros.

Em baixo
Uma fotografia da estação ao anoitecer vista de frente realça o forte movimento ascensional das duas «asas».

Ao fundo
Os esboços de Calatrava são quase idênticos ao próprio edifício em termos de forma e engenharia.

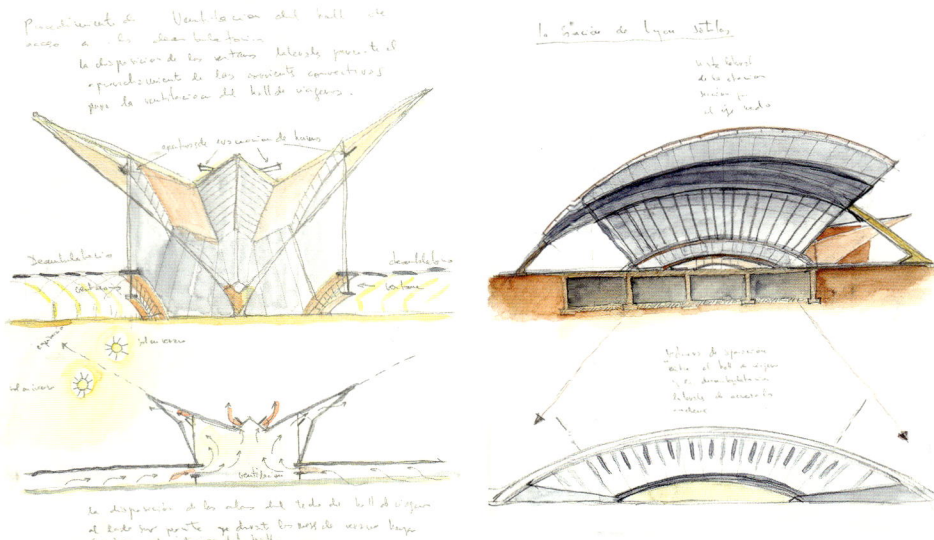

A forma dinâmica das claraboias anima o espaço interior da estação através de condições diferentes da luz exterior.

Como acontece frequentemente, os suportes sucessivos de betão de Calatrava fazem lembrar estruturas ósseas, como por exemplo as costelas.

1990-2000 ▸ Aeroporto e Torre de Controlo de Sondica

Bilbau, Espanha

Embora as torres de controlo dos aeroportos revelem normalmente uma aparência estática, o *design* de Calatrava transmite a sensação de movimento.

O terminal do aeroporto evoca movimento, neste caso, o movimento ascendente da descolagem.

Uma secção da torre de controlo mostrando a escadaria interior em espiral.

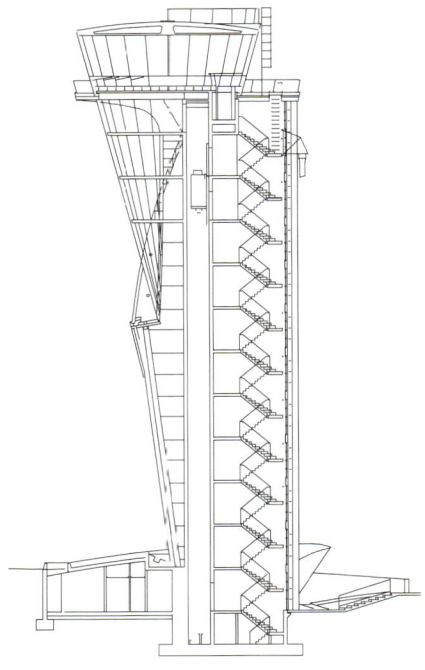

Depois de lhe ter sido pedido em 1990 para projetar as novas instalações para um aeroporto de quatro entradas para a cidade basca de Bilbau, Santiago Caltrava receberia essa encomenda quatro anos depois para duplicar a dimensão do terminal, situado 10 quilómetros a norte da cidade. O arquiteto respondeu com uma planta triangular com uma estrutura amplamente envidraçada cuja cobertura está inclinada para cima na direção das pistas de aterragem. Onde não é utilizado vidro, a estrutura de betão é tratada com uma cobertura unificadora de alumínio. As partidas situam-se no piso superior e as chegadas em baixo. Com uma capacidade para dois milhões de passageiros por ano desde 2000, o Aeroporto de Sondica foi concebido para receber até cinco vezes mais viajantes. O *design* de Santiago Calatrava para as novas instalações do Aeroporto de Bilbau incluía a construção de uma torre de controlo com 42 metros de altura, situada a 270 metros do edifício do terminal (1993-1996). Invertendo a tipologia normal dessas estruturas, a torre foi projetada para ter um volume que aumenta em altura, culminando numa plataforma de controlo com uma visibilidade de 360 graus. Construída em betão armado com revestimento de alumínio, esta torre tornou-se o símbolo do próprio aeroporto.

O interior do terminal não lembra apenas a metáfora das asas, mas também indubitavelmente a dos olhos humanos.

O conhecimento de engenharia de Calatrava permite-lhe fazer com que os grandes volumes pareçam flutuar sobre bases delicadas.

Embora o ritmo das primeiras estações do arquiteto sejam evidentes no terminal, parece ter simplificado o seu impulso zoomórfico, ou possivelmente tê-lo-á tornado mais abstrato.

Um esboço simplificado evoca a imagem da luz.

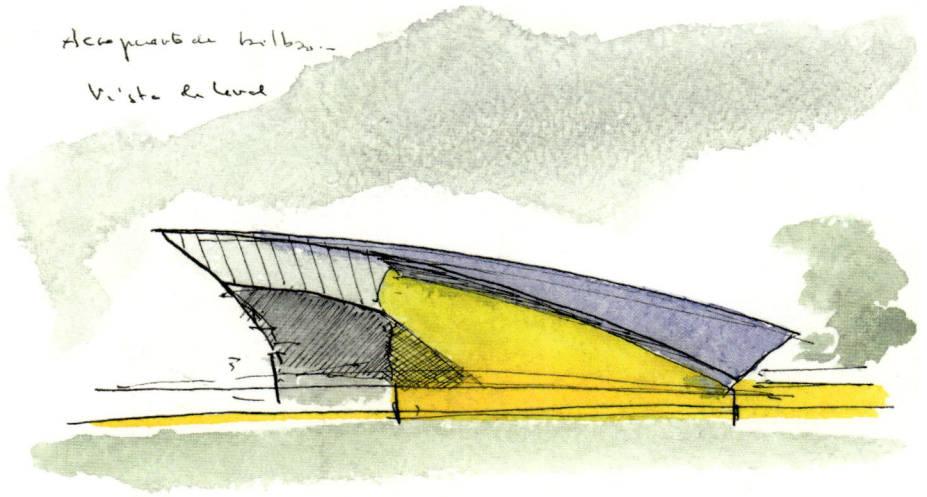

1991-2003 ▸ Auditório de Tenerife

Santa Cruz de Tenerife, Ilhas Canárias, Espanha

O *design* solar, ou possivelmente ocular, da cobertura do auditório resolve problemas de acústica e de iluminação mesmo na sua tendência para uma dimensão mais espiritual.

Calatrava é um mestre dos esboços a aguarela que captam as forças e formas fundamentais dos seus edifícios.

A estrutura concluída, vista de frente, assume uma forma escultural que distingue Calatrava dos seus contemporâneos.

Concluída em 2003, esta sala de concertos, com 1558 lugares, situa-se no cruzamento da Avenida Tres de Mayo com a Avenida Maritima, na cidade de Santa Cruz de Tenerife. Estas instalações incluem igualmente uma sala de espetáculos com 428 lugares. Para este local do porto, a cidade expressou «o desejo de um edifício dinâmico e monumental de que não fosse apenas um local para música e cultura, mas que também criasse um ponto focal na zona». Com o seu distintivo telhado de betão em concha, de forma curva triangular que culmina 60 metros acima da praça que circunda o edifício, esta sala de concertos é uma das estruturas visualmente mais espetaculares concebidas por Calatrava. Situada numa área retangular de 154 x 100 metros que tem a particularidade de incluir uma alteração de 60 metros em níveis, a sala de concertos está implantada numa plataforma em degraus ou plinto que contém as instalações técnicas e camarotes. O telhado da concha da estrutura está coberto por ladrilhos partidos, enquanto é usado basalto vulcânico local em grande parte do pavimento e cobertura do plinto. Uma cúpula com 50 metros de altura cobre o átrio principal, fazendo lembrar alguns dos estudos de Santiago Calatrava sobre o olho humano e a pálpebra.

A forma estranha do auditório não pode ser descrita com precisão como antropomórfica nem zoomórfica. É mais uma síntese abstrata destas duas e de outras fontes de inspiração.

Os espaços interiores assumem uma forma sinuosa que frequentemente lembra as formas retorcidas e alongadas dos estudos de figuras de Calatrava.

Este edifício denota um equilíbrio quase surrealista de harmonia e forma, talvez mais do que qualquer outro de Calatrava.

Em baixo à esquerda
Elementos do edifício assumem formas inesperadas e abstratas dependendo do ângulo de visão e condições de iluminação.

Em baixo à direita
Uma planta do auditório revela o seu *design* funcional não obstante a aparente extravagância do exterior do edifício.

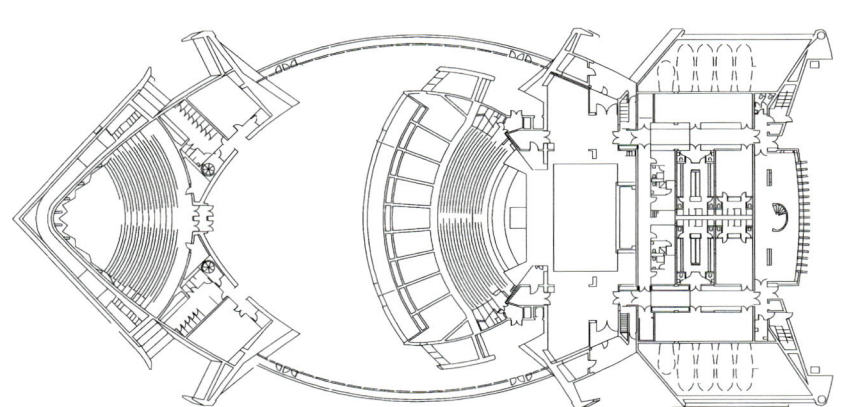

1991-2006 ▸ Cidade das Artes e Ciências/ Ópera

Planetário, Museu da Ciência e L'Umbracle,
1991-2000; Ópera, 1996-2006
Valência, Espanha

As nervuras de betão do Museu da Ciência.

O Planetário em forma de olho e o teatro IMAX com a cobertura aberta.

A estrutura com a cobertura dobrável fechada.

Fazendo parte de um longo esforço por parte do governo de Valência para reabilitar a área de 35 hectares na periferia leste da cidade, implantada entre uma grande autoestrada e o rio Turia, a Cidade das Artes e Ciências de Calatrava demorou mais de dez anos a ser terminada. O Planetário, um anfiteatro IMAX, com uma planta elíptica, ou em forma de olho, e cúpula hemisférica com uma cobertura nervurada móvel e com uma área de quase 2600 metros quadrados, foi construído entre 1995 e 1998. O Museu de Ciências Príncipe Felipe, com 241 metros de comprimento e 41 530 metros quadrados, baseia-se numa repetição assimétrica de três formas tipo nervura preenchidas com vidro para deixar entrar a luz do dia. A Ópera completa esta ambiciosa composição.

Vista noturna com o Planetário em primeiro plano e o Museu da Ciência atrás.

Páginas de um caderno de esboços do arquiteto que mostram a clara relação do Planetário com a forma do olho humano.

As poderosas formas brancas imaginadas por Calatrava para Valência, a sua terra natal, combinam o seu conhecimento de engenharia com sensibilidade artística.

Uma secção do teatro IMAX mostra que o seu *design* surpreendentemente assimétrico aloja instalações muito práticas.

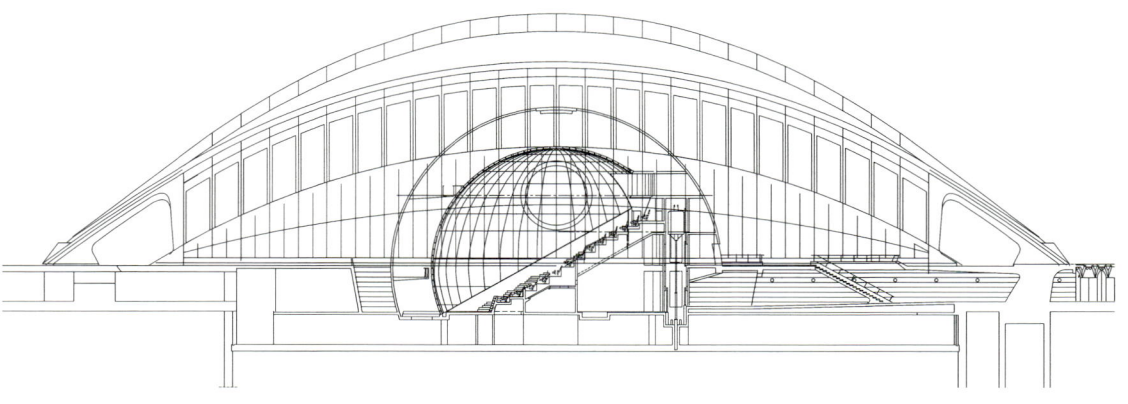

Fachada frontal da Ópera de Valência (Palau de les Arts).

Página ao lado em baixo
As formas invulgares usadas por Calatrava lembram por vezes as composições líricas de Oscar Niemeyer.

À direita
As camadas de aberturas evocam uma inspiração biológica ou antropomórfica.

Mais à direita
Diversas aberturas permitem a entrada de luz natural para o interior da estrutura.

Vista de todo o complexo, com o Museu da Ciência à esquerda, o Planetário ao centro e a Ópera à direita.

Construída como elemento final do complexo da Cidade das Artes e Ciências, com uma altura de 75 metros na extremidade oeste, a Ópera de Valência foi «desenhada como uma série de volumes aparentemente aleatórios, que se tornam unificados através de um recinto fechado dentro de duas conchas simétricas de betão cortadas». Calatrava define o *design* como sendo semelhante a uma «escultura monumental». O volume central do complexo é ocupado pelo auditório de 1706 lugares e pelo equipamento necessário para os cenários. Um auditório mais pequeno, concebido principalmente para música de câmara, possui 380 lugares, enquanto um outro auditório a leste, parcialmente coberto por uma concha aberta, possui 1520 lugares. Adjacente ao edifício principal situa-se um auditório com 400 lugares para teatro e dança experimental, com espaços para galerias de exposições de arte.

1993-1998 · Gare do Oriente

Lisboa, Portugal

As plataformas da estação proporcionam abrigo, mas também um amplo contacto com o exterior e a luz natural.

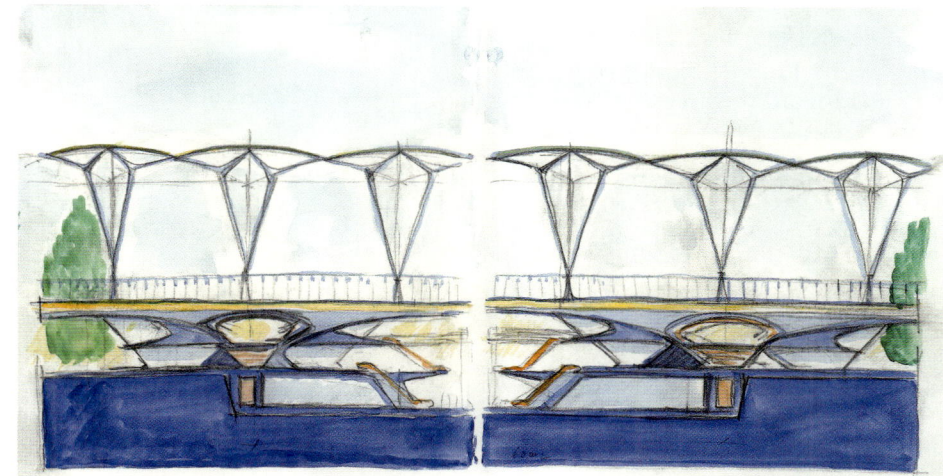

Um esboço de Calatrava que mostra as formas de árvore das plataformas da estação sobre as passagens e entradas das instalações.

Parte de um ambicioso projeto em conjunto com a Exposição Universal de 1998, que teve lugar na capital portuguesa, esta nova estação de caminho-de-ferro situa-se na antiga zona industrial, a cerca de cinco quilómetros do centro histórico de Lisboa, próximo do largo rio Tejo. O aspeto mais espetacular do projeto é indubitavelmente a cobertura, com 78 x 238 metros sobre as oito vias-férreas elevadas cuja tipologia poderá recordar uma floresta. O arquiteto, vencedor do concurso por convite, tendo de trabalhar com as linhas férreas existentes, construiu um talude de nove metros de altura. Em vez de realçar a quebra entre a cidade e o rio imposta pela estação, Calatrava procurou, neste caso como em outros, abrir passagens e restabelecer ligações. Antes da construção da estação, as linhas férreas marcavam uma barreira distinta entre as partes residenciais e industriais da cidade. O novo complexo inclui dois grandes toldos de vidro e aço sobre as aberturas, que medem 112 metros de comprimento e 11 metros de largura. O projeto de Calatrava inclui igualmente uma paragem de autocarros e um parque de estacionamento, uma estação de metropolitano em baixo e uma galeria longitudinal que acomoda um espaço comercial. As instalações dos serviços e de bilheteiras situam-se cinco metros por baixo das linhas, onde um átrio marca a galeria longitudinal cinco metros mais abaixo, e a abertura para o lado do rio, que funciona como ponto principal de acesso, que serve a área que se desenvolveu depois da realização da exposição de 1998. Como conclui o arquiteto, «Concebida como a principal ligação de transporte da Expo, a Gare do Oriente provou ser o componente mais importante na transformação da área. Transformou-se no nó de transporte mais polivalente da Europa: um importante interface de comboios de alta velocidade entre cidades, transporte regional rápido, serviços ferroviários normais, e rede de metropolitano».

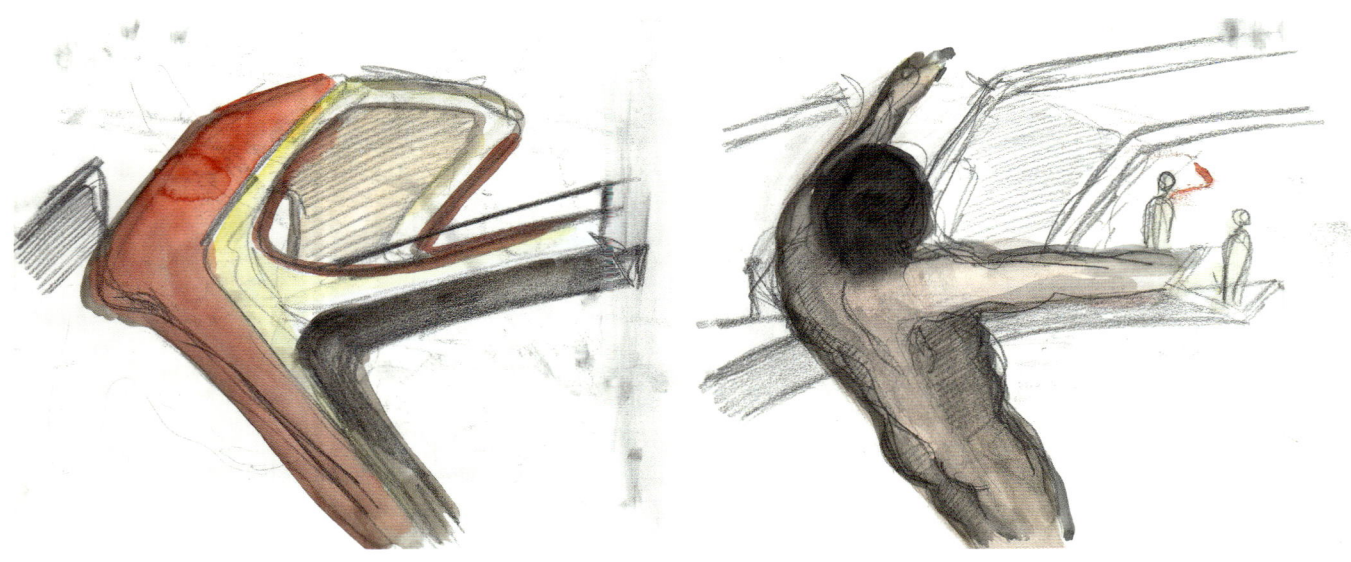

Página ao lado em cima
O nível mais baixo da estação, com as plataformas dos comboios situadas acima do nível do solo, transmite uma impressão dinâmica de leveza realçada pelos suportes em ângulo da estrutura.

Página ao lado
Esboços da figura humana e elementos esculturais mostram uma forma algo invulgar através da qual o arquiteto relaciona o corpo nos seus *designs*.

Em cima
Cobertura da entrada principal e plataformas da estação em cima vistas de noite.

À direita
Uma passagem através da estação apresenta um teto abobadado, que testemunha o frequente uso de Calatrava da luz natural em espaços normalmente escuros.

1994-2001 ▸ Milwaukee Art Museum
Milwaukee, Wisconsin, EUA

Um perfil de fim de tarde do edifício realça a complexa sequência de elementos equilibrados, criados pelo arquiteto.

Sempre fascinado pelo movimento na arquitetura, Santiago Calatrava imaginou um *brise soleil* dobrável para o Milwaukee Art Museum.

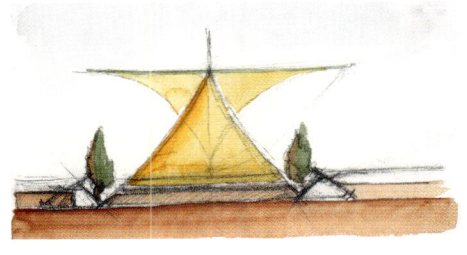

O esboço de Calatrava mostra as asas da cobertura totalmente abertas.

O Milwaukee Art Museum estava implantado numa estrutura de 1957 desenhada por Eero Saarinen e era um Memorial de Guerra com vista para o Lago Michigan. O arquiteto, David Kahler, adicionou uma grande laje estrutural ao museu em 1975. Em 1994, os administradores do Milwaukee Art Museum consideraram um total de 77 arquitetos para uma «nova grande entrada, um ponto de orientação para os visitantes, e uma redefinição da identidade do museu através da criação de uma imagem forte». Santiago Calatrava venceu o concurso com uma proposta para um átrio de receção de vidro e aço com 27 metros de altura com uma cobertura amovível (apelidada «Burke Brise Soleil»). Feito de placas de aço soldadas e fortalecidas no interior, o *brise soleil* de 115 toneladas é constituído por dois elementos iguais formados por 36 braços cujos comprimentos variam entre os 32 e os 8 metros. Um sistema computorizado sobrepõe-se ao controlo manual da estrutura quando o vento excede os 65 km/h. Como o arquiteto explica globalmente o projeto, «O *design* adiciona 131 200 metros quadrados aos 14 900 metros quadrados existentes, incluindo uma ala linear (de vidro e aço inoxidável, com telhado de lamela) que está posicionada em ângulo reto com a estrutura de Saarinen. Ao nível da margem, a expansão acomoda: o átrio, 1500 metros quadrados de espaço de galeria para exposições temporárias, um centro educacional com sala de conferências com 300 lugares, e uma loja de *souvenirs*. O restaurante, com 100 lugares, que se encontra no ponto central do pavilhão, proporciona uma vista panorâmica sobre o lago». Calatrava é igualmente responsável pela Ponte Reiman, uma passagem pedonal suspensa que liga a baixa à margem do lago.

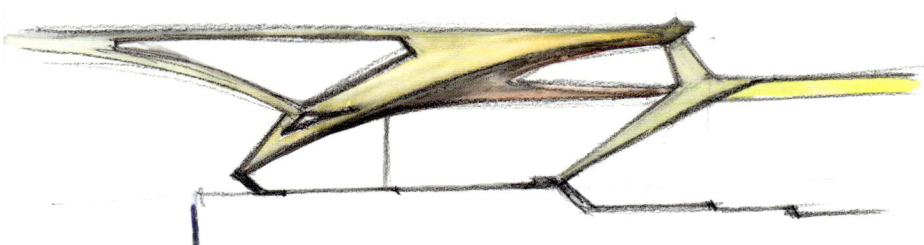

O ângulo projetado dos elementos apresentados neste esboço é típico da abordagem de Calatrava.

A escadaria e sequência da abordagem foram resolvidas com base no esboço de cima.

Arcos curvados e em ângulo com amplas superfícies envidraçadas conferem dinamismo e carácter convidativo a esta passagem.

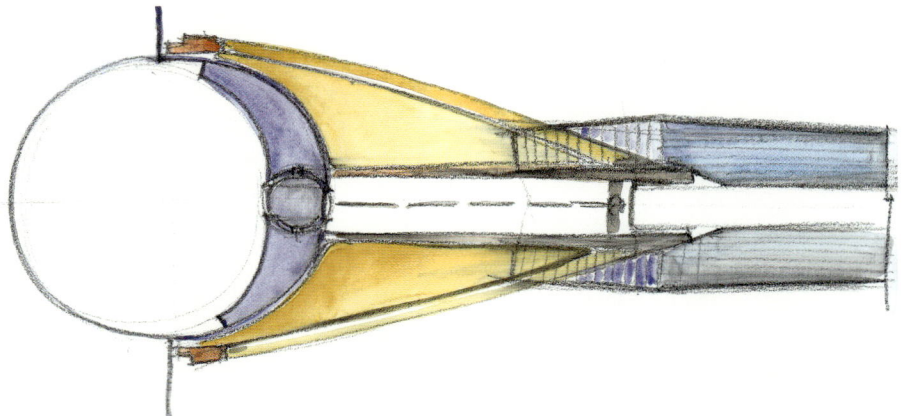

Embora a função deste espaço seja puramente secular, Calatrava transmite um sentido de espiritualidade através do *design*.

O olho, seja usado em planta ou secção, permanece uma inspiração fundamental para Calatrava, que se refere ao seu próprio olho ao explicar este tema recorrente.

1998-2001 ▸ Ponte Mujer

Buenos Aires, Argentina

A torre inclinada da ponte cria uma sensação de movimento vertical, embora na realidade tenha sido realizada para rodar no plano horizontal.

A fotografia de longa exposição mostra como a ponte gira para deixar passar navios grandes.

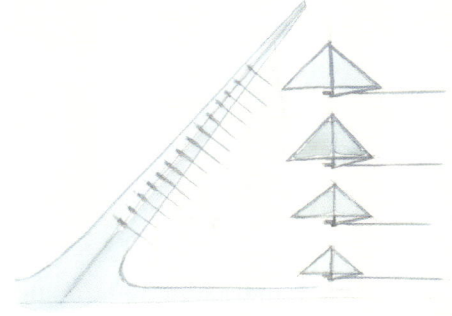

O esboço de Calatrava mostra o ângulo extremo da torre e os cabos de suporte necessários.

No final da década de 1980, Buenos Aires começou a revelar interesse pelo planeamento urbanístico e pelo desenvolvimento de estratégias para atrair capital internacional, e em particular procurou revitalizar a área portuária degradada da cidade, Puerto Madero. Com o mesmo nome do engenheiro Eduardo Madero, que propôs a construção do porto em 1881, esta área já estava inativa em 1925, quando foi construído um novo porto mais a norte. Várias propostas, incluindo uma de Le Corbusier (1929), procuravam revitalizar a área, mas seria apenas em 1989 que a Corporación Antiguo Puerto Madero formularia o plano diretor de restruturação para este local, com 170 hectares. Nessa altura, o cliente pediu a Calatrava que desenhasse uma ponte pedonal para a Doca 3 em Puerto Madero, que estava insuficientemente ligada à cidade. A solução de Calatrava, a Puente de la Mujer, é «uma estrutura constituída por uma ponte suspensa rotativa, com 102 metros de comprimento, assente entre um par de vãos de acesso fixos. A secção central da ponte pode rodar 90 graus para permitir a passagem livre do tráfego naval. O peso da torre mecânica equilibra o peso do poste, permitindo um sistema de rotação mais simplificado. Com iluminação noturna, esta ponte tornou-se um símbolo da renovação desta parte da capital».

1998-2001 ▸ Bodegas Ysios
Laguardia, Espanha

O espaço central da estrutura, onde o telhado se eleva acima da paisagem.

A imagem que mostra as montanhas ao fundo relaciona a estrutura com o seu ambiente, e o *design* em forma de onda torna-se visível.

Este esboço a aguarela de Calatrava mostra o *design* inclinado dos elementos individuais da cobertura cuja disposição resulta na forma ondulada que ele procurava.

O Grupo Bodegas & Bebidas pretendia um edifício que fosse um ícone para o seu novo vinho, o Rioja Alavesa. A empresa pediu a Santiago Calatrava que desenhasse um complexo vinícola de 8000 metros quadrados, um edifício com capacidade para produzir, armazenar e vender vinho. As vinhas ocupam metade da área retangular. Um desnível de 10 metros da parte norte para a parte sul complicou o projeto. O programa linear do processo de produção de vinho ditou que a estrutura fosse retangular e implantada no eixo este-oeste. Duas paredes-mestras longitudinais de betão, separadas 26 metros uma da outra, traçam uma forma sinusoidal com 196 metros de comprimento em planta e alçado. Essas paredes estão cobertas por placas de madeira, que são refletidas numa piscina e «evocam a imagem de uma fila de barris de vinho». O telhado, constituído por uma série de traves de madeira laminada, é concebido como uma continuação das fachadas. O resultado é uma «superfície ondulada contínua» que combina superfícies côncavas e convexas à medida que se desenvolve ao longo do eixo longitudinal. O telhado possui uma cobertura de alumínio que cria um contraste com o calor das fachadas de madeira, continuando ao mesmo tempo o seu *design*. O centro dos visitantes concebido como uma «varanda com vista para o complexo vinícola e para as vinhas», situa-se no centro da estrutura.

Vista exterior da fachada a partir do sul. As janelas inclinadas situam-se abaixo do ponto mais alto do telhado.

Página ao lado em cima
O movimento da cobertura traduz-se na orquestração aparentemente irregular de traves de madeira de uma adega, onde os barris estão cuidadosamente arrumados.

Em baixo
Vista em secção da forma inclinada para a frente da sala visível em cima.

Página ao lado em baixo
A planta do estabelecimento vinícola revela um carácter prático e essencialmente simétrico, embora as formas convexas e côncavas alternadas vistas na cobertura se repitam nas paredes principais.

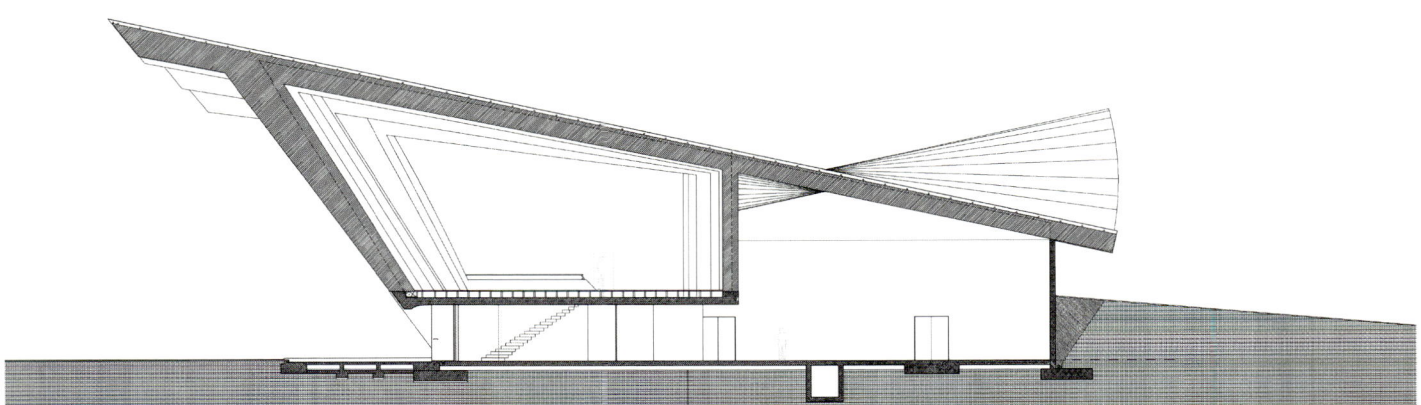

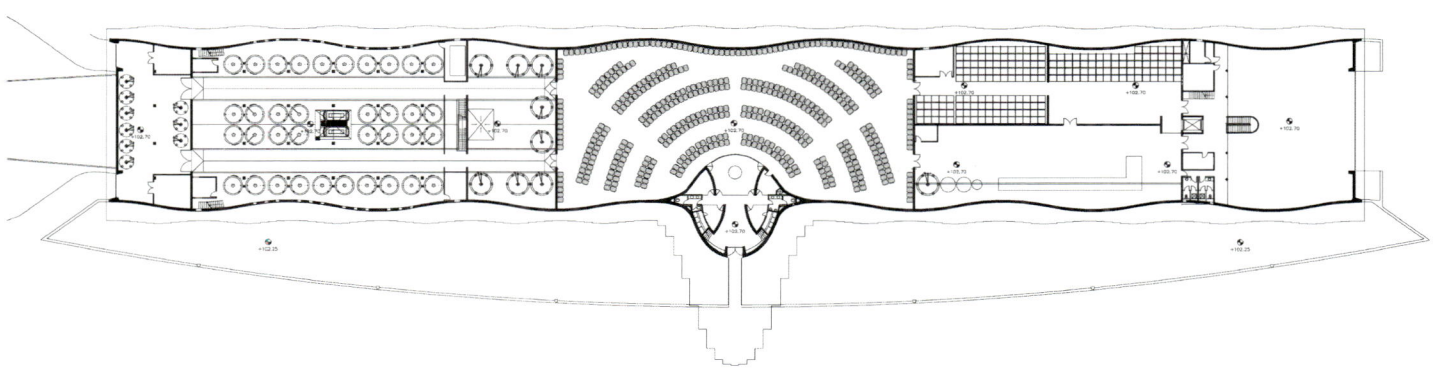

1999-2004 ▸ Turning Torso
Malmö, Suécia

A torre domina o ambiente envolvente e introduz uma inesperada torção de tipo saca-rolhas que certamente tornará o edifício identificável no futuro.

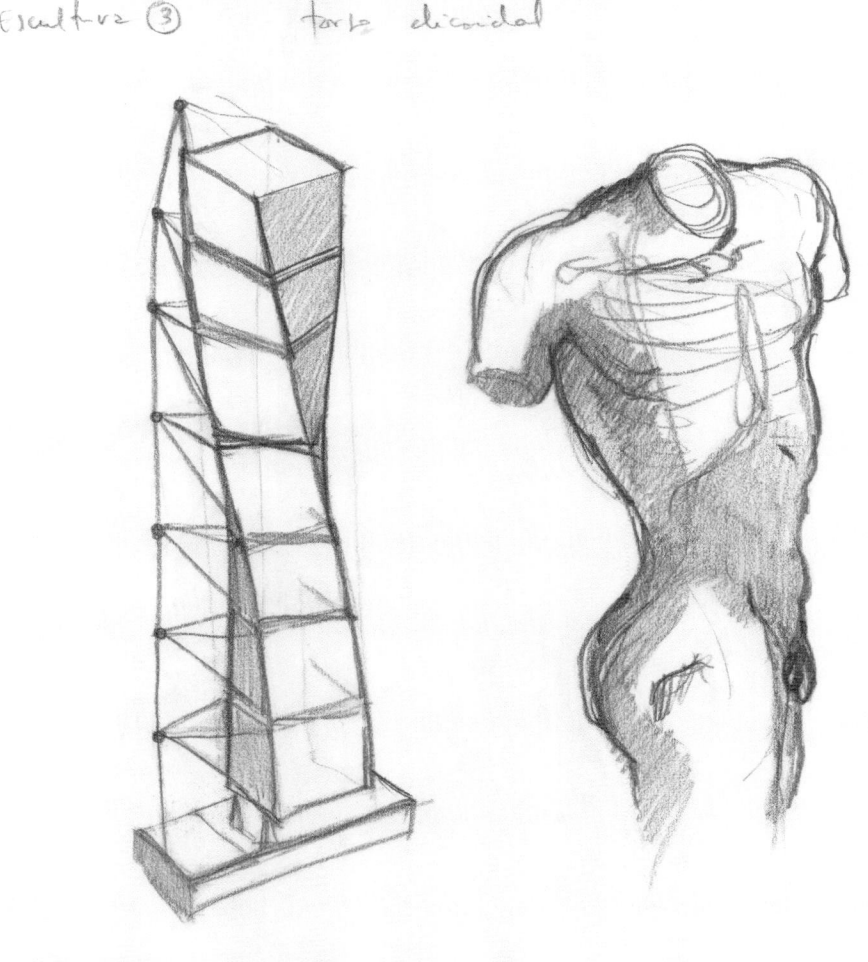

O esboço de Calatrava mostra a relação da torre com a sua própria escultura e com a figura masculina sem cabeça — a história da arte encontra a engenharia.

O edifício Turning Torso, de Calatrava, em Malmö, Suécia (1999-2004), é o resultado do seu grande interesse pela escultura, um tipo de arte que frequentemente trata como um estudo de estática. Calatrava criou primeiro uma escultura na qual «sete cubos estão dispostos em redor de um suporte de aço para produzir uma estrutura em espiral, que se assemelha a uma coluna dorsal humana torcida». O arquiteto explica a relação da torre com a escultura: «No edifício Turning Torso, a torre em espiral é composta por nove unidades cúbicas, cada uma das quais com cinco pisos. O equivalente na torre em relação ao suporte de aço da escultura é o núcleo dos elevadores internos e escadas, através dos quais as unidades cúbicas comunicam». Os cubos da escultura original são substituídos por «sub-edifícios», cada um dos quais tem uma área de aproximadamente 2200 metros quadrados, e cada piso dentro destes cubos acomoda de uma a cinco unidades residenciais em redor do núcleo vertical. As áreas

Os desenhos de Calatrava do núcleo da torre mostram como ele resolve as irregularidades introduzidas pela torção do edifício.

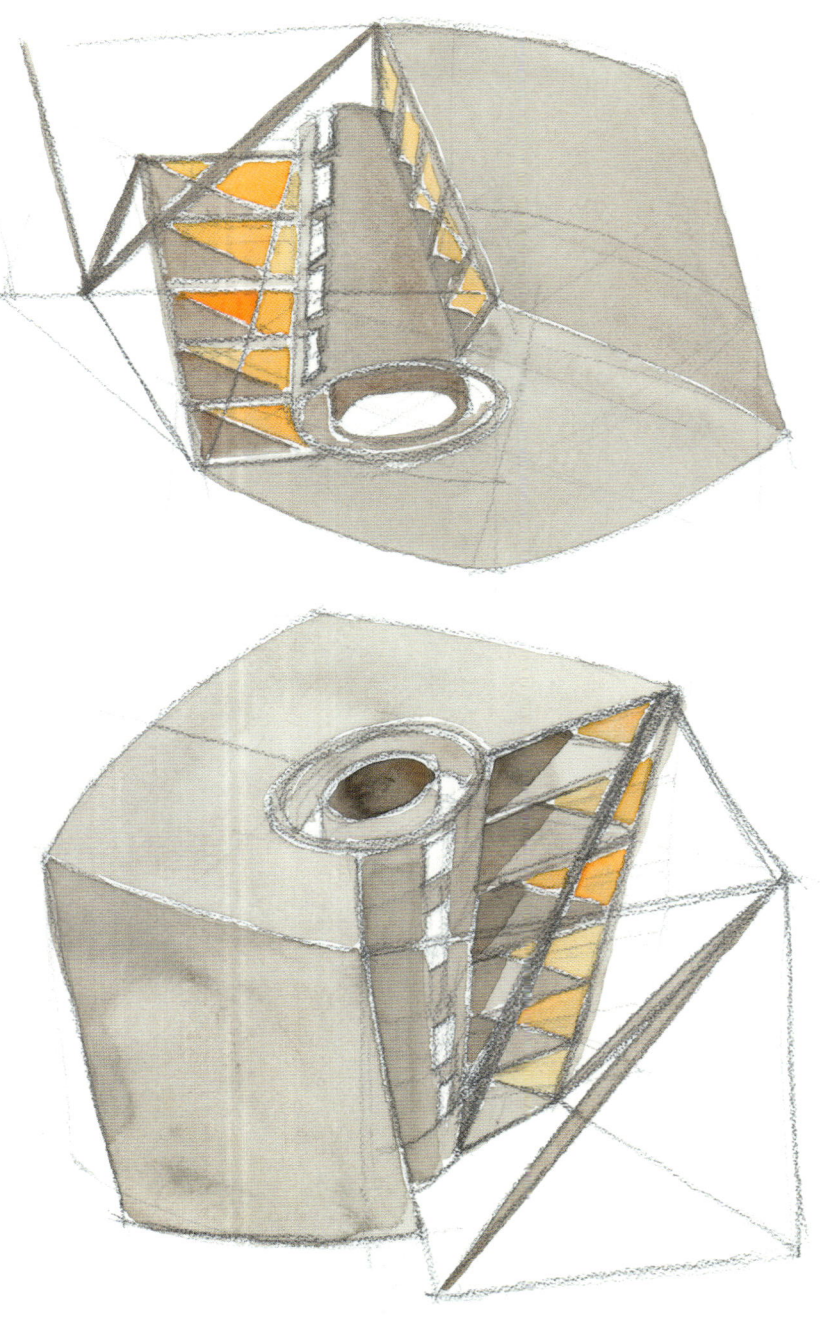

Página ao lado
Uma secção da torre mostra os blocos acumulados que formam a estrutura principal.

Traves cruzadas suportam o edifício de forma relativamente discreta tendo em conta o grau de torção.

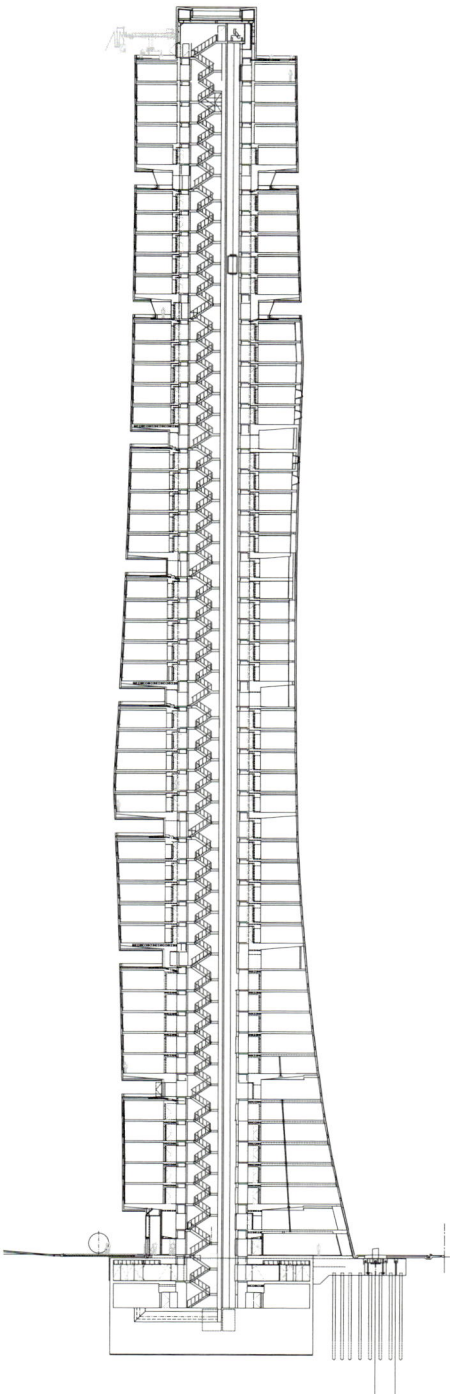

da «coluna» são reservadas às instalações comuns como salas de reuniões ou o ginásio. Como acontece frequentemente, a engenharia utilizada por Calatrava simplificou e acelerou muito a construção, que se baseia em elementos pré-fabricados para a estrutura exterior de aço e a fachada, por exemplo.

2000-2011 ▸ Centro de Exposições e Congressos

Oviedo, Espanha

Ângulos e suspensões espetaculares denotam a mestria de Santiago Calatrava no cálculo das forças em jogo neste projeto.

Conceitos que se prendem com a construção de pontes estão presentes neste projeto, em que o espaço útil é tão elevado que aparenta não ter qualquer peso.

O arquiteto literalmente orquestra o espaço, com os arcos sucessivos da cobertura e as fileiras de assentos.

Oviedo, no norte de Espanha, é a capital da província das Astúrias. Este projeto é constituído por um centro de exposições e de conferências, dois edifícios de uso administrativo, um hotel de cinco estrelas, um centro comercial subterrâneo e um parque de estacionamento de três andares também abaixo do nível do solo. O hotel e os edifícios administrativo elevam-se 20 metros acima do nível do solo e são revestidos por faixas horizontais paralelas de aço branco e de vidro. Estas estruturas, sustentadas por vigas de aço, possuem uma forma de U que rodeia parcialmente a zona de exposições e congressos, deixando o nível térreo acessível ao público. Para além do auditório principal, o centro de exposições e de conferências dispõe de mais dezasseis salas para seminários e conferências de imprensa, bem como de 3200 metros quadrados de espaço para eventos e exposições. Segundo o arquiteto, «O novo centro de exposições e de conferências foi concebido como um elemento escultural singular situado sobre um grande átrio. A sua forma elíptica, revestida por uma camada de vidro e de aço, foi concebida para potenciar a acústica do edifício e proporcionar um som da máxima qualidade durante concertos e outros eventos musicais». Um *brise-soleil* suspenso com nervuras de aço e elementos amovíveis marca a entrada principal a norte.

2001-2004 ▸ Complexo de Desportos Olímpicos

Atenas, Grécia

Página ao lado em cima
Calatrava criou a nova cobertura suspensa do principal Estádio Olímpico em Atenas.

Página ao lado em baixo
Interior do estádio principal com os espetaculares elementos de aço tubular com 304 metros de comprimento, visíveis de ambos os lados da imagem.

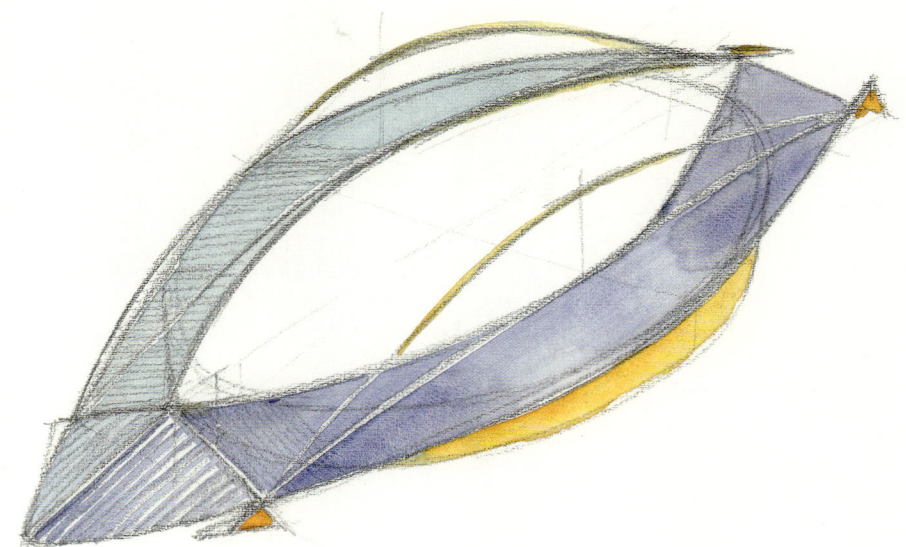

Um esboço do arquiteto que mostra esses suportes e revela uma planta que, mais uma vez, assenta na forma básica do olho humano.

O «Ícone» Olímpico, um fuso com 110 metros de altura desenhado pelo arquiteto.

Este projeto de Calatrava pretendia aproveitar as instalações do Complexo de Desportos Olímpicos de Atenas (OAKA) existente, situado em Marousi, um subúrbio a norte de Atenas, bem como a sua infraestrutura e rede de acesso. Como explica Calatrava, «O *design* tinha o objetivo de responder a todas as exigências funcionais dos Jogos Olímpicos e Paralímpicos, integrar esteticamente os elementos do OAKA com criação de uma identidade comum através da combinação dos elementos construídos e naturais, acomodar pessoas com necessidades especiais e respeitar o ambiente através do uso de plantas autóctones (como as oliveiras e ciprestes), garantindo soluções eficazes para a gestão de resíduos e outros elementos de *design* ecologicamente sensíveis». As principais intervenções arquitetónicas: uma nova cobertura para o Estádio Olímpico, uma nova cobertura e renovação do Velódromo, criação de praças de entrada e coberturas de entrada para todo o complexo, criação de um Ícone Olímpico central (uma escultura amovível de aço em forma de um fuso com 110 metros de altura), *design* de um Muro das Nações escultural (escultura de aço tubular com 250 metros de comprimento e 20 metros de altura), criação de áreas de aquecimento para os atletas, melhoramento das pontes pedonais e ligações aos transportes públicos, criação de áreas de estacionamento e terminais de autocarros e conceção das instalações e infraestrutura para todos os elementos. O elemento mais espetacular é a cobertura do Estádio Olímpico, que cobre uma superfície de 25 000 metros quadrados, com duas estruturas em forma de «folha dobrada» feitas de aço tubular e com vãos de 304 metros cada. As estruturas foram desenhadas de modo a serem pré-fabricadas o mais possível fora do local, reduzindo assim a necessidade de pessoal e equipamentos no local, minimizando a interferência de outros trabalhos de construção nos edifícios existentes.

O Velódromo Olímpico, com elementos curvos de aço tubular que replicam os do estádio principal.

Uma espetacular cobertura de entrada
com o Velódromo visível à direita.

À direita
**O Muro das Nações, uma escultura móvel
desenhada pelo arquiteto para os jogos.**

Página ao lado em baixo
A esplanada coberta, de *design* **curvo branco,
é outro elemento característico do complexo.**

2003-2016 · Interface de Transportes do World Trade Center

Nova Iorque, EUA

Topo
Uma de uma grande série de desenhos a giz elaborados pelo arquiteto como parte da apresentação aos clientes.

Em cima
Uma perspetiva de computador da forma exterior da estação subterrânea.

Página ao lado
A forma espetacular da estação emerge ao lado do 3 World Trade Center (Richard Rogers) e do 4 World Trade Center (Fumihiko Maki).

Página seguinte
Uma imagem do vasto átrio subterrâneo da estação.

Como seria de esperar dadas as circunstâncias, os projetos para a reconstrução da área em redor do antigo World Trade Center, em Nova Iorque, foram evidentemente abalados por discórdias e alterações. Um dos poucos projectos que avançou como foi originalmente concebido foi o de Santiago Calatrava para um novo centro de transportes permanente, desenhado para servir os passageiros dos comboios suburbanos da Port Authority Trans-Hudson (PATH), metropolitanos da cidade de Nova Iorque (linhas 1/9, E e N/R), e uma ligação ferroviária ao Aeroporto Internacional John F. Kennedy. Implantada diretamente a este da área de implantação das Torres Gémeas, a obra avançou em colaboração com a DMJM + Harris assim como o STV Group. Como acontece quase sempre na obra de Calatrava, o Interface de Transportes tem um elemento espetacular — uma estrutura arqueada oval independente feita de vidro e aço que faz sobressair a imagem de «um pássaro libertado das mãos de uma criança» na extremidade sul da praça *Wedge of Light*, de Daniel Libeskind, e que mede cerca de 106 metros de comprimento, 35 metros de largura no ponto mais largo e 29 metros de altura no ponto mais alto. Como explica o arquiteto, «As nervuras de aço que suportam esta estrutura estendem-se para cima com duas coberturas, que se assemelham a asas abertas e que se elevam a uma altura máxima de 51 metros». O átrio principal do centro situa-se cerca de 10 metros abaixo do nível da rua, e as plataformas dos comboios PATH, oito metros mais abaixo. Com bom tempo e todos os dias 11 de setembro, o telhado pode ser aberto para o céu. A forma de pássaro e a possibilidade de abrir a cobertura são gestos típicos de Calatrava e, no entanto, neste caso, ambos assumem um significado especialmente comovente e apropriado. A capacidade que Calatrava tem de lidar com um local amplo, o Estado, a cidade, e as burocracias empresariais envolvidas em cada fase do projeto é testemunho da sua posição como um dos principais arquitetos internacionais do século XXI.

2008-2012 ▸ Ponte da Paz

Calgary, Canadá

A ponte completa enfatiza o fluxo do movimento, numa evocação de uma espécie de movimento natural do sangue.

Um esboço a aguarela de Santiago Calatrava realça as formas tubulares vermelhas da ponte.

Visto ao lusco-fusco, o *design* leve e aberto da ponte capta de imediato a atenção de quem dela se aproxima, devido à sua forma e cor invulgares.

Esta ponte pedonal e ciclovia liga Sunnyside, a norte do rio Bow, ao moderno centro de Eau Claire a sul. Com um comprimento de 126 metros, a estrutura da ponte tem 8 metros de largura e 5,85 metros de altura. O arquiteto esclarece que a forma escultural «é definida por uma hélice criada sobre uma secção transversal oval com dois raios tangenciais claramente definidos, criando um espaço arquitetónico no seu interior». Painéis de vidro revestem o exterior da parte superior da forma helicoidal e servem para proteger os utilizadores da chuva e das intempéries invernais. As faixas para bicicletas com 2,5 metros de largura estão localizadas no centro da ponte, com duas faixas para peões de 1,85 metros de largura de cada lado. A iluminação está integrada na estrutura da ponte e no corrimão, com uma iluminação linear ao nível do pavimento. As luzes sob o tabuleiro realçam a parte inferior da ponte à noite, refletindo-se na água.

2009-2014 ▸ Faculdade de Inovação, Ciência e Tecnologia da Universidade Politécnica da Florida

Lakeland, Florida, EUA

Imagens em *time-lapse* dos *brise-soleils* amovíveis no topo da Faculdade de Inovação, Ciência e Tecnologia, que alteram completamente o contorno da estrutura.

Uma área de descanso ao ar livre num terraço do edifício é ligeiramente sombreada pelo dossel metálico do arquiteto.

Vista do *campus*.

Em 2009, Santiago Calatrava foi selecionado para criar o plano diretor do novo *campus* da Politécnica da Florida e para projetar o seu primeiro edifício. O plano diretor atribuiu grande importância ao paisagismo, ao tráfego de veículos e peões e à criação de «uma estrutura icónica que distinguisse o *campus* dentro de um contexto local e regional mais vasto». Calatrava concebeu a Faculdade de Inovação, Ciência e Tecnologia como a «peça central e âncora da Universidade», situada a norte de um lago e no final do eixo central do *campus*. Os laboratórios científicos e de investigação estão localizados no interior do edifício, com laboratórios de ensino não técnico na zona envolvente. Os corredores de dois andares são envidraçados, enquanto os gabinetes dos professores se situam no segundo andar, rodeando um grande salão polivalente iluminado por uma claraboia central. Ao ser a primeira construção do novo *campus*, a estrutura foi concebida como um «*campus* em miniatura». Uma treliça de aço leve ou pérgula rodeia o edifício, reduzindo a exposição solar em 30%. O arquiteto explica: «O telhado amovível é constituído por uma série de *brise-soleils* ativados hidraulicamente que proporcionam sombra à claraboia do edifício comum. As persianas são controladas de modo individual e podem ser programadas para seguir o curso do sol ao longo do dia. Na fase seguinte, os *brise-soleils* serão equipados com painéis solares, criando uma superfície de 1860 metros quadrados de painéis solares».

2010-2012 ▸ Ponte Margaret Hunt Hill

Dallas, Texas, EUA

Página ao lado
Uma vista noturna da ponte tendo como pano de fundo as torres do centro de Dallas, Texas.

Em cima à esquerda
O desenho de uma figura masculina mostra algumas das fontes de inspiração de Calatrava para a ponte.

Em cima à direita
Uma teia de cabos define o horizonte da ponte, proporcionando uma vista diferente da fotografia do arco principal na página ao lado.

Esta ponte de cabos de aço com um pilar parabólico branco localizada em Dallas é vista como um passo importante na revitalização da cidade, ligando o centro da mesma à zona oeste de Dallas. A ponte contém seis faixas de rodagem através do rio Trinity e tem 418,5 metros de comprimento, 36,7 metros de largura e 209,25 metros de vão. O pilar central de apoio tem 136 metros de altura, o que confere à ponte uma presença considerável na cidade. Os 58 cabos, com um diâmetro que oscila entre 165 e 127 milímetros e um comprimento compreendido entre 196 e 119 metros, distribuem as cargas da estrutura através do esbelto e espetacular pilar arqueado. O pilar atual é um tubo de aço fechado com diafragmas internos, reforços e ancoragens para os cabos. A ponte Margaret Hunt Hill foi a primeira de uma série de pontes projetadas por Santiago Calatrava para atravessar o rio Trinity e também a primeira ponte para veículos de Calatrava nos Estados Unidos.

Outro esboço de Santiago Calatrava enfatiza o movimento de várias figuras, traçando linhas de força no espaço. Em comparação, a ponte parece aérea.

2010-2015 ▸ Museu do Amanhã

Rio de Janeiro, Brasil

Página ao lado
O edifício está situado sobre a água na zona cultural de Porto Maravilha, no Rio.

À direita
A estrutura aberta e com nervuras permite o considerável efeito de suspensão que aqui se vê.

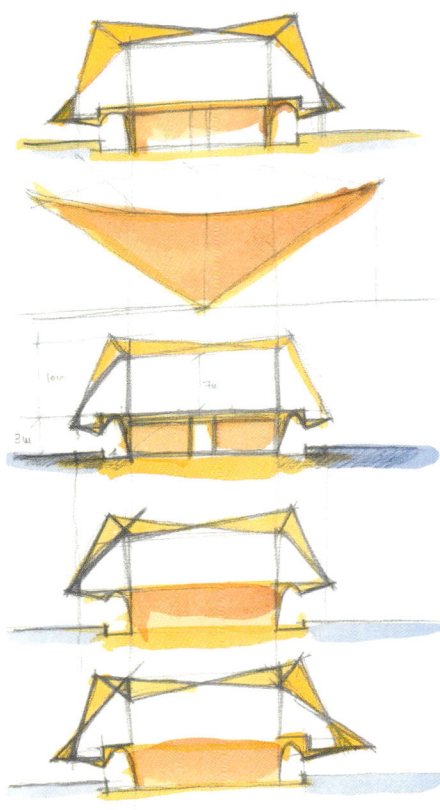

Os esboços de Calatrava evidenciam a relação das formas reais da estrutura com a forma humana em termos de escala, mas também no que se prende com volumes e movimento.

Localizado na Praça Mauá, na zona portuária, no Rio de Janeiro, o Museu do Amanhã tem um papel central no projeto de revitalização urbana do Rio de Janeiro para os Jogos Olímpicos e Paraolímpicos de 2016. O programa previa 5000 metros quadrados de espaço de exposições, bem como auditório, observatório, zonas administrativas, arquivos e áreas técnicas, num total de quase 12 500 metros quadrados. A estrutura de dois andares tem 18 metros de altura, o que permite tetos com um pé direito de 10 metros no piso de exposição superior. Por baixo da área de exposição encontram-se escritórios, instalações educativas e comerciais, salas de investigação, um café, um teatro, o átrio, o arquivo, zonas de armazenamento e uma área de entrega. A cobertura em balanço e a estrutura da fachada com elementos móveis espraiam-se ao longo de quase toda a extensão do cais. Uma faixa ajardinada ocupa o lado sul do cais e um grande espelho de água marca o lado norte.

2012-2022 ▸ Santuário Nacional de São Nicolau

Nova Iorque, EUA

O projeto de Calatrava foi selecionado entre uma dúzia de outros projetos e foi influenciado na sua forma por Santa Sofia e pela Igreja de São Salvador de Chora, ambas em Istambul.

Um esboço do arquiteto mostra a sua forma em cascata relativamente simples num ambiente tranquilo próximo do Memorial Nacional do 11 de setembro.

A localização da igreja apresentava limitações consideráveis em termos de dimensão e orientação. Uma maquete mostra a igreja e a respetiva área envolvente.

Após a destruição da Igreja Ortodoxa Grega original de São Nicolau, a 11 de setembro de 2001, a Arquidiocese Ortodoxa Grega da América recebeu autorização para construir uma nova igreja no extremo leste do Liberty Park, a única estrutura religiosa na periferia do novo complexo. Situado por cima do centro de segurança de veículos do World Trade Center, o novo edifício tinha de obedecer a restrições consideráveis, nomeadamente as suas localização exata, área e volume. O arcebispo grego Demetrios declarou: «O projeto da igreja deve respeitar as tradições e a liturgia da Igreja Ortodoxa Grega, mas ao mesmo tempo deve refletir o facto de vivermos no século XXI». O projeto de Calatrava inclui um exterior revestido de pedra e painéis laminados de vidro retroiluminado «para que todo o sistema de cortinas de pedra brilhe em contraponto com a massa sólida das torres». A igreja foi consagrada em julho de 2022 e abriu ao público cinco meses mais tarde.

Vida e Obra

1951
Santiago Calatrava nasce a 28 de julho em Valência, Espanha.

1957
Frequenta a Escola de Artes e Ofícios, em Valência, onde inicia a sua formação em desenho e pintura.

1964
A sua família tira partido da recente abertura das fronteiras e manda-o para França em regime de intercâmbio de estudantes.

1968
Obtém o diploma universitário em Valência.

1968/69
Frequenta a Escola de Artes em Valência.

1969-1974
Estuda arquitetura na Escuela Técnica Superior de Arquitectura, Valência, onde se forma em arquitetura e faz uma pós-graduação em urbanismo.

1975-1979
Estudos de pós-graduação em engenharia civil no ETH (Instituto Federal de Tecnologia) em Zurique.

1979
Casamento.
Estudos de ponte suspensa por cabos (design)
Pontes Alpinas, Disentis, Suíça (design)
Complexo de Squash IBA, Berlim, Alemanha (design)

1979-1981
Doutoramento em Ciência Técnica no Departamento de Arquitetura ETH, Zurique; tese de doutoramento «Sobre o Carácter Dobrável das Estruturas Espaciais».

1981
Estabelece o seu *atelier* de arquitetura e engenharia em Zurique.
Sala de Exposições Züspa, Zurique, Suíça (design)

1982
Ponte da Autoestrada de Letten, Zurique, Suíça (design)
Fábrica Schwarzhaupt, Dielsdorf, Suíça (design)
Biblioteca Mühlenareal, Thun, Suíça (design)
Ponte Rhine, Diepoldsau, Suíça (design)

Retrato de Santiago Calatrava, 2005

1983
Extensão da Varanda da Casa Thalberg, Zurique, Suíça (design)
Varanda Baumwollhof, Zurique, Suíça (design)
Armazém Jakem, Münchwilen, Suíça, 1983/84
Armazém Ernsting, Coesfeld-Lette, Alemanha, 1983-1985
Cobertura do Centro Postal PTT, Lucerna, Suíça, 1983-1985
Abrigo para Autocarros St. Fiden, St. Gallen, Suíça, 1983-1985
Coberturas e Átrio do Liceu Wohlen, Wohlen, Suíça, 1983-1988
Átrio da Estação de Lucerna, Lucerna, Suíça, 1983-1989
Estação de Stadelhofen, Zurique, Suíça, 1983-1990

1984
Pavilhão de Exposições Desmontável de Sede, Zurique, Suíça (design)
Ponte Pedonal Caballeros, Lérida, Espanha (design)
Edifício de Escritórios Dobi, Suhr, Suíça, 1984/85
Ponte Bac de Roda-Felip II, Barcelona, Espanha, 1984-1987
Centro Comunitário Bärenmatte, Suhr, Suíça, 1984-1988

1984-1987
A Ponte Bac de Roda-Felip II em Barcelona marca o início dos projetos de pontes que estabeleceram a sua reputação internacional.

1985
«9 esculturas» de Santiago Calatrava, exposição na Galeria Jamileh Weber, Zurique.
Parque & Ponte Pedonal Feldenmoos, Feldenmoos, Suíça (design)
Praça da Estação do Terminal de Autocarros, Lucerna, Suíça (design)

1986
Ponte de Sinalização de Trânsito da Avenida Diagonal, Barcelona, Espanha (design)
Sala de Concertos da Escola de Música de St. Gallen, St. Gallen, Suíça (design)
Passagem Superior Raitenau, Salzburgo, Áustria (design)
Estúdio de Televisão Blackbox, Zurique, Suíça, 1986-1987
Teatro Tabourettli, Basileia, Suíça, 1986/87
Ponte 9 de Outubro, Valência, Espanha, 1986-1988

1987
Ponte Pedonal Thiers, Thiers, França (design)
Ponte Pontevedra, Pontevedra, Espanha (design)
Estação de Metropolitano Basarrate, Bilbau, Espanha (design)
Banco Exterior, Zurique, Suíça (design)
Ponte Pedonal Cascine, Florença, Itália (design)
Ponte Pedonal Oudry-Mesly, Créteil, França, 1987/88
BCE Place: Gallery & Heritage Square, Toronto, Canadá, 1987-1992
Ponte Alamillo e Viaduto La Cartuja, Sevilha, Espanha, 1987-1992
Residências da Quinta Buchen, Würenlingen, Suíça, 1987-1996

1988
Centro Desportivo Pré Babel, Genebra, Suíça (design)
Ponte Pedonal e Estação Leimbach, Zurique, Suíça (design)
Torre de Comunicações Collserola, Barcelona, (design)
Ponte Wettstein, Basileia, Suíça
Ponte Gentil, Paris, França (design)
Restaurante Bauschänzli, Zurique, Suíça (design)
Ponte Lusitania, Mérida, Espanha, 1988-1991
Centro de Serviços de Emergência, St. Gallen, Suíça, 1988-1999

1989
Estabelece segundo *atelier*, em Paris.
Ponte Miraflores, Córdova, Espanha (design)
Paragem de Eléctricos Bahnhofquai, Zurique, Suíça (design)
Ponte Pedonal Ruess, Flüelen, Suíça (design)
Pavilhão de Betão Swissbau, Basileia, Suíça (design)
Lar de Idosos Mosteiro Muri, Muri, Suíça (design)
Pavilhão de Betão Flutuante CH-91, Lago de Lucerna, Suíça (design)
Ponte Gran Via, Barcelona, Espanha (design)
Ponte Giratória Port de la Lune, Bordéus, França (design)
Ponte Pedonal La Devesa, Ripoll, Espanha, 1989-1991
Torre de Comunicações Montjuïc, Barcelona, Espanha, 1989-1992
Estação de Caminho-de-Ferro do Aeroporto Lyon-Saint Exupéry, Satolas, França, 1989-1994
Ponte Puerto, Ondarroa, Espanha, 1989-1995
Paragem de Autocarros e Eléctricos Bohl, St. Gallen, Suíça, 1989-1996

Universidade de Zurique, Biblioteca da Faculdade de Direito, Zurique, Suíça, 1989-2004

1990
Galeria Spitalfields, Londres, Grã-Bretanha (design)
East London River Crossing, Londres, Grã-Bretanha (design)
Nova Ponte sobre o Vecchio, Córsega, França (design)
Teatro Belluard Castle, Friburgo, Suíça (design)
Aeroporto e Torre de Controlo de Sondica, Bilbau, Espanha, 1990-2000

1991
Abre o terceiro *atelier*, em Valência.
Estádio de Futebol da Calábria, Reggio Calábria, Itália (design)
Torre de Comunicações, Valência, Espanha (design)
Estádio de Futebol, Salou, Espanha (design)
Grand Pont, Lille, França (design)
Catedral St. John the Divine, Nova Iorque, EUA (design)
Ponte Giratória Médoc, Bordéus, França (design)
Ponte Betongforum, Estocolmo, Suécia (design)
Estação de Caminho-de-Ferro Spandau, Berlim, Alemanha (design)
Viaduto Ferroviário Klosterstrasse, Berlim, Alemanha (design)
Pavilhão do Kuwait, Sevilha, Espanha, 1991/92
Ponte e Estação de Metropolitano Alameda, Valência, Espanha, 1991-1995
Ponte Kronprinzen, Berlim, Alemanha, 1991-1996
Ponte Oberbaum, Berlim, Alemanha, 1991-1996
Cidade das Artes e Ciências, Valência, Espanha, 1991-2000
Auditório Tenerife, Santa Cruz de Tenerife, Espanha, 1991-2003

1992
Retrospetiva no Royal Institute of British Architects, Londres.
Complexo de Desportos Olímpicos Jahn, Berlim, Alemanha (design)
Ponte Pedonal, Solférino, Paris, França (design)
Estação Modular, Londres, Grã-Bretanha (design)
Conversão do Reichstag, Berlim, Alemanha (design)
Ponte Lake, Lucerna, Suíça (design)
Ponte Serpsis, Alcoy, Espanha (design)
Shadow Machine, Nova Iorque, EUA, 1992/93
Espaço de Exposições Tenerife, Santa Cruz de Tenerife, Espanha, 1992-1995
Remodelação da Praça de Espanha, Alcoy, Espanha, 1992-1995
Ponte Serreria, Valência, Espanha, 1992-2008

1993
Exposição «Estrutura e Expressão» no Museum of Modern Art, Nova Iorque.
Ligação Öresund, Copenhaga, Dinamarca (design)
Viaduto Ile Facon, Sierre, Suíça (design)
Ponte Granadilla, Tenerife, Espanha (design)
Ponte De la Rade, Genebra, Suíça (design)
Torre de Comunicações, Alicante, Espanha (design)
Pavilhão Roosevelt Island Southpoint, Nova Iorque, EUA (design)
Estádio Herne Hill, Londres, Grã-Bretanha (design)
Ponte Pedonal Trinity, Salford-Manchester, Grã-Bretanha, 1993-1995
Torre de Controlo de Sondica, Bilbau, Espanha 1993-1996
Gare do Oriente, Lisboa, Portugal, 1993-1998
Hospital Bridges, Múrcia, Espanha, 1993-1999

1994
Ponte Pedonal St. Paul, Londres, Grã-Bretanha (design)
Ponte Pedonal Quaypoint, Bristol, Grã-Bretanha (design)
Mercado e Centro de Convenções Michelangelo, Fiuggi, Itália (design)
Ponte Pedonal Campo Volantín, Bilbau, Espanha, 1994-1997
Ponte Pedonal Manrique, Múrcia, Espanha, 1994-1999
Milwaukee Art Museum, Milwaukee, Wisconsin, EUA, 1994-2001

1995
Estádio de Futebol Velódromo, Marselha, França (design)
Cobertura do Estádio de Zurique, Zurique, Suíça (design)
Cidade Linear KL, Kuala Lumpur, Malásia (design)
Ponte Poole Harbour, Portsmouth, Grã-Bretanha (design)
Ponte pedonal Embankment Renaissance, Bedford, Grã-Bretanha (design)
Ponte Sundsval, Sundsvall, Suécia (design)
Estádio de Futebol de Bilbau, Bilbau, Espanha (design)
Ponte Pedonal Sundial, Redding, Califórnia, EUA, 1995-2004

1996
Estádio Olímpico, Estocolmo, Suécia (design)
Igreja do Ano 2000, Roma, Itália (design)
Cathedral Square, Los Angeles, Califórnia, EUA (design)
City Point, Londres, Grã-Bretanha (design)
Área de Serviço da Autoestrada Porte de la Suisse, Genebra, Suíça (design)
Ponte Pedonal Mimico Creek, Toronto, Canadá, 1996-1998
Pont de l'Europe, Orleães, França, 1996-2000
Ópera, Valência, Espanha, 1996-2006
Estação de Caminho-de-Ferro TGV Liège-Guillemins, Liège, Bélgica, 1996-2007
Quarto Ponte sul Canal Grande, Veneza, Itália, 1996-2008

1997
Porto de Barcelona, Barcelona, Espanha (design)
Aeroporto de Barajas, Madrid, Espanha (design)
Galeria Pfalzkeller, St. Gallen, Suíça, 1997-1999

1998
Estação de Caminho-de-Ferro de Pensilvânia, Nova Iorque, EUA (design)
Toronto Island Airport Bridge, Toronto, Canadá (design)
Trinity River Bridges Master Plan, Dallas, Texas, EUA (design)
Pont des Guillemins, Liège, Bélgica, 1998-2000
Ponte Mujer, Buenos Aires, Argentina, 1998-2001
Bodegas Ysios, Laguardia, Espanha, 1998-2001
Ponte Pedonal Petah-Tikva, Telavive, Israel, 1998-2003
Ponte Samuel Beckett (Macken Street) e Ponte James Joyce, Dublin, Irlanda, 1998-2003

1999
Wildbachstrasse, Zurique, Suíça (design)
Galeria de Arte Corcoran, Washington DC, EUA (design)
Nova Ponte sobre o rio Cávado, Barcelos, Portugal (design)
Ponte Pedonal, Pistóia, Itália (design)
Ponte Rouen, Rouen, França (design)
Cruz y Luz, Monterrey, México (design)
Estação de Saragoça, Saragoça, Espanha (design)
Casa Residencial, Phoenix, Arizona, EUA (design)
Estação Leuven, Sint-Niklaas, Bélgica (design)

Museu Nacional de Arte Reina Sofía, Madrid, Espanha (design)
Turning Torso, Malmö, Suécia, 1999-2004
Pontes sobre o Hoofdvaart, Hoofddorp, Holanda, 1999-2004

2000
Catedral Christ the Light, Oakland, Califórnia, EUA (design)
Estacionamento da Ópera, Zurique, Suíça (design)
Aeroporto Dallas Fort Worth, Dallas, Texas, EUA (design)
Universidade Politécnica Ryerson, Toronto, Canadá (design)
Darsena del Puerto, Centro Municipal, Torrevieja, Espanha (design)
Kornhaus, Rorschach, Suíça (design)
Estádio de Zurique, Zurique, Suíça (design)
SMU's Meadows Museum Wave Sculpture, Dallas, Texas, EUA (design)
Ciudad de la Porcelana, Valência, Espanha (design)
Ponte Crati, Cosenza, Itália (design)
Edifícios da Cidade Universitária e Pavilhão Desportivo, Maastricht, Holanda (design)
El Palacio de Exposiciones y Congresos, Oviedo, Espanha, 2000-2011

2001
The Americam Museum of Natural History, Nova Iorque, EUA (design)
Melhoramento do Acesso Pedonal Queens Landing, Chicago, Illinois, EUA (design)
Palco de Las Troyanas, Valência, Espanha (design)
Estação de Metropolitano e de Caminho-de-Ferro Neratziotissa, Atenas, Grécia (design)
Residência Particular, Qatar (design)
The New York Times Capsule, Nova Iorque, EUA (design)
Lago Promenade, Rorschach, Suíça (design)
Complexo de Desportos Olímpicos, Atenas, Grécia 2001-2004
Ponte Pedonal Katehaki, Atenas, Grécia, 2001-2004

2001/02
«Santiago Calatrava: Artista, Arquiteto, Engenheiro», apresentado no Palazzo Strozzi em Florença, Itália.

2002
Ponte Vittoria, Florença, Itália (design)
Reconstrução do Museu da Ópera di S. Maria del, Flore, Florença, Itália (design)
80 South Street Tower, Nova Iorque, EUA (design)
Atlanta Symphony Center, Atlanta, Geórgia, EUA (design)
Museu da Fotografia Doha, Qatar (design)
Nova Estação de Caminho-de-Ferro de alta velocidade, Florença, Itália (design)
Greenpoint Landing, Nova Iorque, EUA (design)
Palco de Ecuba, Roma, Itália, 2002-2003
Reggio-Emilia, Bolonha, Itália, 2002-2007
Ponte Light Rail Train (LRT), Jerusalém, Israel, 2002-2008

2003
Exposição «Como um Pássaro», no Museu Kunsthistorisches em Viena, Áustria.
Interface de Transportes do World Trade Center, Nova Iorque, EUA, 2003-2016

2004
Abre *atelier* em Nova Iorque.
Ponte Ferroviária e Rodoviária, Kiev, Ucrânia (design)
Torres de Valência, Valência, Espanha (design)
Obelisco da Praça Castilla, Madrid, Espanha, 2004-2009

2005
Exposições a solo em Nova Iorque sobre a sua obra como artista, uma no Metropolitan Museum of Art, intitulada «Santiago Calatrava: Escultura na Arquitetura», e outra no Instituto Espanhol Rainha Sofia, «Barro e Tinta: Cerâmica e Aguarelas».
Feira Internacional World Expo, Tessalonica, Grécia (design)
Chicago Spire, Chicago, Illinois, EUA (design)
Agora, Valência, Espanha, 2005-2009
Cidade dos Desportos Tor Vergata, Faculdade de Direito e Reitoria da Universidade de Tor Vergata, Roma, Itália (in situ)

2006
Governors, Island Gondola, Nova Iorque, EUA (design)
Casa da Ciência, Zurique, Suíça (design)

2008
Marina d'Arechi, Salerno, Itália (design)
Complexo dos novos edifícios do campus da Universidade Yuan Ze, Taipei, Taiwan, 2008 (design)
Colaboração com o New York City Ballet, Nova Iorque, EUA, 2008-2010
Ponte da Paz, Calgary, Canadá, 2008-2012

2009
Faculdade de Inovação, Ciência e Tecnologia da Universidade Politécnica da Florida, Lakeland, Florida, EUA, 2009-2014

2010
«Santiago Calatrava: Escultecturas,» expostas no Museu Le Grand Curtius, Liège, Bélgica.
Ponte Margaret Hunt Hill, Dallas, Texas, EUA, 2010-2012
Museu do Amanhã, Rio de Janeiro, Brasil, 2010-2015

2011
Em colaboração com Frank Stella expõe «The Michael Kohlhaas Curtain» na Neue Nationalgalerie, Berlim.
Sharq Crossing, Doha, Catar (design)
Pontes Margaret McDermott, Dallas, Texas, EUA, 2011-2021

2012
Exposição «The Quest for Movement» no Museu Hermitage de São Petersburgo, Rússia.
Ponte Rio Barra, Rio de Janeiro, Brasil (design)
Santuário Nacional de São Nicolau, Nova Iorque, EUA, 2012-2022

2013
«Santiago Calatrava. Le metamorfosi dello spazio» foi exposta no Museu do Vaticano, Cidade do Vaticano.

2014
Exposição das suas esculturas, cerâmicas e pinturas mais recentes na Galeria Marlborough, Nova Iorque.

2015
Exposição «The Renaissance of the Church of St. Nicholas at Ground Zero» no Museu Benaki em Atenas, Grécia.
Pontes Huashan Wuhan, Hubei, China (design)

Mapa do Mundo

ARGENTINA
Buenos Aires
Ponte Mujer

BRASIL
Rio de Janeiro
Museu do Amanhã

CANADÁ
Calgary
Ponte da Paz

EUA
Dallas, Texas
Ponte Margaret Hunt Hill
Lakeland, Florida
Faculdade de Inovação, Ciência e Tecnologia
da Universidade Politécnica da Florida
Milwaukee, Wisconsin
Milwaukee Art Museum
Nova Iorque
Santuário Nacional de São Nicolau
Interface de Transportes do World Trade Center

FRANÇA
Satolas
Estação de Caminho-de-Ferro do Aeroporto de Lyon-Saint Exupéry

ALEMANHA
Coesfeld-Lette
Armazém Ernsting

GRÉCIA
Atenas
Complexo de Desportos Olímpicos

PORTUGAL
Lisboa
Gare do Oriente

ESPANHA
Barcelona
Torre de Comunicações Montjuïc
Ponte Bac de Roda-Felip II
Bilbau
Aeroporto e Torre de Controlo de Sondica
Laguardia
Bodegas Ysios
Oviedo
Centro de Exposições e Congressos
Santa Cruz de Tenerife, Ilhas Canárias
Auditório de Tenerife
Sevilha
Ponte Alamillo e Viaduto La Cartuja
València
Cidade das Artes e Ciências/Ópera

SUÉCIA
Malmö
Turning Torso

SUÍÇA
Zurique
Estação de Stadelhofen

Bibliografia

- Blanco, Manuel: *Santiago Calatrava*. Catálogo da exposição, València, Generalitat Valenciana, 1999.
- Blaser, Werner: *Santiago Calatrava Ingenieur-Architektur*. Basileia: Birkhäuser, 1987
- Calatrava, Santiago: *Calatrava Alpine Bridges*. Weinfelden: Wolfau-Druck AG, 2004
- Calatrava, Santiago: *L'aménagement du site de la gare de Mons*. Zurique, Santiago Calatrava LLC, 2006
- Calatrava, Santiago: *The Quest for Movement*. Catálogo da exposição. São Petersburgo: The State Hermitage Publishers, 2012
- Carrillo de Albornoz Fisac, Cristina: *Santiago Calatrava*. Nova Iorque: Assouline, 2013
- El Croquis: *Santiago Calatrava 1983-1993*. Catálogo da exposição. Madrid: El Croquis, 1993
- Farri, Stanislao: *Bonjour, Monsieur Calatrava*. Reggio Emilia: Corsiero Editore, 2014
- Fernández-Galiano, Luis: *Santiago Calatrava 1983-1996*. AV Monografías/Monographs 61 (1996). Madrid, *Arquitectura Viva*, 1996
- Forti, Micol (Ed.): Santiago Calatrava. *The Metamorphoses of the Space*. Catálogo da exposição. Vatican City: Edizioni Musei Vaticani, 2013
- Frampton, Kenneth / Webster, Anthony C. / Tischhauser, Anthony: *Santiago Calatrava: Bridges*. Zurique, Birkhäuser, 1993
- Fuente, Manuel de la: *El Monumento de Caja Madrid*. Madrid: Fundação Caja Madrid, 2010
- Garcia Rosell, Juan (fotógrafo): *Santiago Calatrava. Ceramicas*. Zurique, Santiago Calatrava LLC, 2009
- Harrison, Robert: *Creatures from the Mind of the Engineer: The Architecture of Santiago Calatrava*. Zurique, Artemis, 1992
- Jodidio, Philip: *Estação do Oriente, Estacion de Oriente, Oriente Station*. Lisboa, Centralivros Lda, 1998
- Jodidio, Philip: *Santiago Calatrava*. Colónia, TASCHEN, 1998
- Jodidio, Philip: *Santiago Calatrava. Architect, Engineer, Artist*. Colónia, Colónia, 2007
- Jodidio, Philip: *Santiago Calatrava. Complete Works 1979–today*. Colónia, TASCHEN, 2015
- Kent, Cheryl: *Santiago Calatrava: Milwaukee Art Museum Quadracci Pavilion*. Nova Iorque, Rizzoli, 2005
- Levene, Richard C./Cecilia, Fernando Márquez: *Santiago Calatrava 1983/1989*. Madrid: El Croquis, 1989
- Levin, Michael: *Calatrava. Drawings and Sculptures*. Catálogo da exposição. Weinfelden, Wolfau-Druck Rudolf Mühlemann, 2000
- Levin, Michael: *Santiago Calatrava: Artworks*. Basileia, Birkhäuser, 2003
- McQuaid, Matilda: *Santiago Calatrava: Structure and Expression*. Catálogo da exposição. Nova Iorque, The Museum of Modern Art, 1992
- Nicolin, Pierluigi: *Santiago Calatrava: Il folle volo/The daring flight*. Milão, Electa, 1987
- Pisani, Mario/Sicignano, Enrico/Mandolesi, Domizia: *Santiago Calatrava*. Roma, Progetti e Opere, 1997
- Polano, Sergio: *Santiago Calatrava: Complete Works*. Catálogo da exposição, Milão, Electa, 1996
- Sharp, Dennis: *Santiago Calatrava*. Catálogo da exposição, Londres, 1992
- Sharp, Dennis: *Santiago Calatrava*. Architectural Monographs No 46. Londres, Academy Editions, 1996
- Tischhauser, Anthony/Moos, Stanislaus von: *Santiago Calatrava: Public Buildings*. Basileia, Birkhäuser, 1998
- Trame, Umberto: *OP/O Opera Progetto Santiago Calatrava: Quadracci Pavilion, Milwaukee Art Museum*. Bolonha, Editrice Compositori, 2001
- Tzonis, Alexander: *Santiago Calatrava: The Poetics of Movement*. Nova Iorque, Universe Publishing, 1999
- Tzonis, Alexander: *Santiago Calatrava: Creative Process: Fundamentals*. Basileia, Birkhäuser, 2001
- Tzonis, Alexander: *Santiago Calatrava: The Complete Works*. Nova Iorque, Rizzoli, 2004
- Tzonis, Alexander: *Santiago Calatrava: The Athens Olympics*. Nova Iorque, Rizzoli, 2005
- Tzonis, Alexander: *Santiago Calatrava. The Complete Works*. Expanded Edition. Nova Iorque, Rizzoli, 2007
- Tzonis, Alexander/Caso Dondei, Rebecca: *Santiago Calatrava: The Bridges*. Nova Iorque, Rizzoli, 2005
- Tzonis, Alexander/Lefaivre, Liane: *Movement, Structure and the Work of Santiago Calatrava*. Basileia, Birkhäuser, 1995
- Tzonis, Alexander/Lefaivre, Liane: *Santiago Calatrava: Creative Process: Sketchbooks*. Basileia, Birkhäuser, 2001
- Zardini, Mirco: *Santiago Calatrava: Secret Sketch book*. Milão, Federico Motta Editore, 1995

Créditos

Todas as fotografias, plantas e desenhos foram gentilmente cedidos pelo *atelier* de Calatrava.

- Alamy Stock Foto: agefotostock: 65 em cima; Architect's Eye: 62; Chris Gascoigne-VIEW: 64 em cima; Juan Carlos, Muñoz: 63 em cima
- Giorgio von Arb: 8, 10, 19
- Nathan Beck: 90, contracapa
- Leonardo Bezzola: 12
- Robert Burley: 16
- Santiago Calatrava: 4, 13, 21, 22, 25, 29 ao centro, 29 à esquerda, 31 ambas, 33 em cima, 36 em baixo à esquerda e à direita, 39 em baixo, 40 em baixo, 41 em baixo, 43 em cima, 45 em baixo, 48 em baixo, 49 em baixo, 53 em cima, 54 em baixo, 57 ambas, 58 em cima, 59 em baixo, 61 à esquerda, 63 à esquerda, 64 em baixo, 65 em baixo, 67, 68, 69 à esquerda, 73 em cima, 77 em cima e em baixo, 81 em cima, 85 à esquerda, 85 em baixo, 86 em cima, 86 em baixo, 87 todas, 88, 89 todas
- Hans Ege: 9, 49 em cima
- James Ewing: 76
- Gössel und Partner, Bremen: 94/95
- Jeff Grossman/WENN.com: 78/79
- Alan Karchmer: capa, 11, 20, 42, 43 em baixo, 44, 45 em cima, 45 em baixo à esquerda, 56, 59 em cima, 60, 61 em cima, 72 em cima, 72 em baixo, 73 à esquerda, 74 em cima, 74 em baixo, 80, 81 em baixo, 82 em cima, 82 em baixo, 83 à esquerda, 83 em cima, 84, 85 em cima
- Palladium Photodesign/Oliver Schuh: 6, 17, 23 todas, 24, 26, 28, 32, 34, 36 em cima, 37 ambas, 38, 39 em cima, 40 em cima, 41 em cima, 46, 47 ambas, 48 em cima, 50 todas, 51 ambas, 55 em baixo, 55 em cima, 66, 69 à direita, 70 em cima, 70 em baixo, 71 à esquerda, 71 em cima, 75 todas
- Paolo Rosselli: 14, 15, 27, 29 em cima, 52, 54 em cima, 58 ao centro, 58 em baixo
- Frank Schwarzbach para S. Calatrava LLC: 18
- Hisao Suzuki: 30, 33 ambas à esquerda, 35
- Luca Vignelli: 2

O autor: Philip Jodidio estudou História da Arte e Economia em Harvard, e editou a revista *Connaissance des Arts* durante mais de 20 anos. Na TASCHEN já editou livros da série *Architecture Now!* e monografias sobre vários arquitetos, incluindo Tadao Ando, Santiago Calatrava, Renzo Piano, Jean Nouvel, Shigeru Ban, Richard Meier, Zaha Hadid, e Norman Foster.

O editor: Peter Gössel dirige uma agência de *design* de museus e exposições. tendo publicado, na TASCHEN, monografias sobre Julius Shulman, R. M. Schindler, John Lautner, e Richard Neutra, bem como diversos títulos da série Arquitetura Básica.